KB139170

철학자가 들려주는 철학 이야기 011~020권

아비투어 철학 논술 2

●

고급편

철학자가 들려주는 철학 이야기
아비투어 철학 논술–고급 2

초판 1쇄 인쇄일 | 2011년 6월 20일
초판 1쇄 발행일 | 2011년 6월 30일

지은이 | 육혜원, 김광식, 박민수, 최지윤, 유성선, 양일동
펴낸이 | 강병철
펴낸곳 | (주)자음과모음

주　　간 | 정은영
제　　작 | 장성준, 김우진
마 케 팅 | 박제연, 정지운
영　　업 | 조광진, 안재임, 강승덕

출판등록 | 2001년 5월 8일 제20–222호
주　　소 | 121–753 서울시 마포구 동교동 165–1 미래프라자빌딩 7층
전　　화 | 편집부 (02)324–2347, 총무부 (02)325–6047
팩　　스 | 편집부 (02)324–2348, 총무부 (02)2648–1311
e–mail | jmseries@jamobook.com
Home page | www.jamo21.net

ISBN 978–89–544–2689–3 (04100)
ISBN 978–89–544–2687–9 (set)

• 잘못된 책은 교환해 드립니다.

철학자가 들려주는 철학이야기 011~020

아비투어 철학 논술

고급편

2

㈜자음과모음

차례

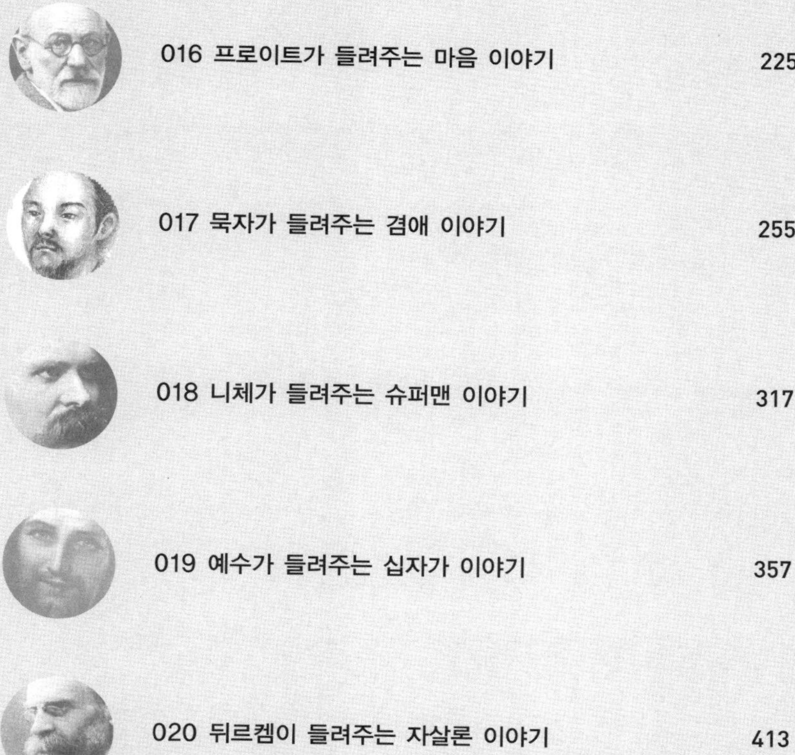

Abitur

철학자가 들려주는 철학이야기 011

소크라테스가 들려주는 지혜 이야기

저자_**육혜원**

이화여자대학교를 졸업하고, 독일 베를린 자유대학에서 석사 및 박사 학위를 받았다. 플라톤의 정치 철학을 주제로 한 박사 논문을 썼고 현재 고대 정치 사상에 관해 대학에서 강의 및 연구 활동을 하고 있다.

주 제 탐 구

01강 너 자신을 알라

case 1 제시문을 읽고 소크라테스가 가르친 '너 자신을 알라' 라는 말을 '인간존중 사상' 과 관련지어서 생각해 보시오.

인간의 가치는 왜 존중되어야 하는가? 이 물음에 대답하기는 쉽지 않다. 어떤 사람은 생명의 소중함 때문이라고 하고, 어떤 사람은 인간이 이성을 지녔기 때문이라고 하기도 한다. 그러나 가장 근본적인 대답은 인간이기 때문이라는 것이다. 즉 인간의 가치는 인간으로 태어났기 때문에 지니는 가장 기본적인 가치인 것이다. 이것을 천부적 인권이라고 한다.

인간 존중 사상은 매우 오래 전부터 있어 왔다. 이것은 소크라테스와 같은 옛 성현의 가르침 속에 잘 나타나 있다.

소크라테스는 소피스트들의 생각에 반대하여, 보편적 진리가 있다고 주장하면서 인간의 참다운 삶의 방식을 추구하였다. 소피스트가 부와 명예 등 세속적인 가치를 중시했던 데 반해, 소크라테스는 선하게 사는 것과 정신적인 가치를 더 중시하였던 것이다.

그는 인간이 선하게 사는 것은 무엇보다 자기 자신을 알 때라고 믿었다. 우리가 편견이나 선입견에서 벗어나 스스로 무지하다는 것을 깨달을 때에 인간답게 산다는 것이 어떤 의미인지 잘 알 수 있다고 생각했다. 소크라테스는 자신이 무지함을 알면서도 악을 행한다는 것은 있을 수 없는 일이라고 했다. 사람들이 악을 행하는 것은 무엇이 옳고 그른지를 제대로 모르기 때문이라고 믿었던 소크라테스에게는 앎이 그 무엇보다도 중요했다. 그런데 앎이란 단순한 지식이 아니라 영혼의 수련을 통해서 얻어진 깨달음이다. 소크라테스는 '너 자신을 알라' 라는 가르침을 통해 우리가 스스로의 무지를 자각하고 진리를 추구해야 한다고 역설하였다.

소크라테스의 가르침은 인간을 존중할 것과 인간을 존중하는 것이 어떤 조건이나 이익 때문이 아니라 바로 인간이기 때문이라는 점을 강조하고 있다. 소크라테스와 같은 옛 성현의 인간 존중 정신의 구현은 오늘날 '자유와 평등사상' 과 '유엔 인권선언' 등에 잘 반영되어 있다. 즉, 인간 존중 정신은 인간은 태어나면서부터 모두 자유롭고 평등하며, 언제 어디서든 인간 그 자체를 목적으로 가장 소중한 가치로 대우하고, 어떠한 권력도 인간의 기본적인 권리를 박탈할 수 없다는 것이다.

– 중학교 교과서 《도덕 2》, 교육인적자원부, 80~82쪽 참고

생각 쓰기

Note& guide 주요 개념 및 배경 지식

1 천부적 인권(기본적 인권)

인간이 출생과 동시에 지니게 되는, 하늘로부터 부여받은 인간 고유의 권리. 기본권, 인권 등으로도 표현되며, 국가의 헌법으로 보장하고 있는 기본 권리와 자유를 가리키는데, 일반 법률에 규정된 것에 우선한다.

2 유엔 인권선언 전문

유엔 인권선언은 그 전문에서 '국제 연합은 헌장을 통해 기본적인 인권과 인간의 존엄성 및 가치, 그리고 남녀평등에 대한 신념을 재확인하였으며, 더욱 많은 자유 안에서 사회를 발전시키고 한층 높은 생활수준을 이루도록 노력하기로 결의하였다' 고 선포하였다.

3 역지사지

처지(입장)를 바꾸어 생각함.

4 소피스트

기원전 5세기에서 기원전 4세기에 걸쳐 그리스에서 활약한 철학자들이다. 소피스트란 글자 그대로는 많은 지식을 지닌 사람을 뜻한다. 그러나 이들이 말하는 지식은 지식이 불가능하다는 회의적 지식이었다. 일명 궤변론자로 불린다.

02강 국가와 개인

case 1 제시문에서 소크라테스는 자신의 국가 정체성을 저버리면서까지 국법을 어기고 도망갈 수 없다고 했다. 제시문을 읽고, 자신의 입장에서 국가 정체성과 애국심에 대해서 논술하시오.

크리톤: 이제 한 가지 계획만이 남아 있을 뿐이네. 오늘 밤 안으로 일을 마쳐야 한다네. 우리가 우물쭈물하고 있다가는 계획을 성사시킬 수 없을 걸세. 오, 소크라테스, 내 말을 들어주게나. 제발 거절하지 말아 주게.

(……)

소크라테스: 내 말에 대해 반론이 있다면 나를 설득해 보게. 그러면 나는 자네의 말을 따르겠네. 하지만 자네가 나를 설득하지 못한다면, 다시는 내가 아테네 사람들의 의사를 무시하고 이곳을 탈출해야 한다고 되풀이해서 말하지는 말게. 나는 무엇보다도 자네의 동의를 얻고 나서 행동에 옮겼으면 하네. 자네의 반대를 무릅쓰고 행동하기를 원치 않네. (……) 먼저 자네에게 한 가지 물어봄세. 어떤 사람이 어떤 것에 대해 옳다고 동의하였다면 그것을 실천해야 하는가 아니면 그 동의를 번복해도 괜찮겠는가?

크리톤: 자기가 동의한 것은 반드시 실천해야겠지.

소크라테스: 그렇다면 내 말을 들어 보게나. 지금 우리가 당국을 설득하여 승낙을 받아 보려하지도 않고 몰래 이곳을 빠져 나간다면, 우리는 누군가에게 해를 끼치는 게 되지 않겠나? 그것도 절대로 그래서는 안 되는 상대에게 말일세. 그렇다면 우리는 옳다고 동의한 것을 지키는 것인가 아닌가?

크리톤: 오, 소크라테스, 나는 자네의 질문에 대답할 수 없네. 도무지 이해가 잘 안되네.

소크라테스: 그렇다면 이렇게 생각해 보세. 지금 내가 이곳을 탈출하여 도망치려 했을 때 국법이나 국가가 "소크라테스, 말해 보게. 자네는 무슨 짓을 하려는가? 자네가 하려는 일은 우리 법률과 나라 전체를 자네 마음대로 파멸시키려는 것이 아닌가? 자네는 한 나라에서 일단 내려진 판결이 아무 효력도 거두지 못하고 한 개인의 임의대로 무효가 되고 파괴될 경우, 그 나라가 멸망하지 않고 존속할 수 있다고 생각하는가?" 라고 묻는다면 크리톤 나는 어떻게 대답해야 할까? (……) 이 경우 국법의 질문에 이렇게 대답해야 하는 게 옳은 것일까? "그거야 나라가 내게 부당한 행위를 하고 올바른 판결을 내리지 않았기 때문이오." 라고 말일세.

크리톤: 마땅히 그렇게 말해야 하지 않을까, 소크라테스.

소크라테스: 국법이 다음과 같이 말한다면 어떻게 하겠나? "소크라테스, 그것이 자네와 나 사이의 약속인가? 국가가 내린 판결은 충실히 지키기로 되어 있는 것이 아닌가? (……) 자네는 싸움터에서나 법정에서나 그 밖의 어느 곳에서든지 조국이 명령하는 것을 수행하지 않으면 안 되네. 만일 그렇게 하지 않으려면 그 정당성에 대해 조국을 설득해야 하네." (……)

이와 같은 물음에 대해 우리는 어떻게 답해야 한다고 생각하나? 오, 크리톤, 국법이 옳은 말을 했다고 인정해야겠는가, 그렇지 않다고 해야겠는가?

크리톤: 옳은 말이라고 생각하네.

소크라테스: 국법은 또 이렇게 말하지 않겠나. "우리(국가와 법률)는 자네를 태어나게 했고, 키웠으며, 자네를 가르쳤고, 나아가 자네뿐만 아니라 다른 모든 국민들에게 우리가 할 수 있는 최선을 다하지 않았는가? 그리고 아테네 사람 누구나 국가가 마음에 들지 않으면 자기의 모든 소유물을 가지고 어디든지 가고 싶은 곳으로 갈 자유가 있다는 것을 알고 있네. (……) 그러니 우리가 재판하는 방법이나 그 밖의 나라 일을 처리하는 것을 보고도 이곳에 머물러 살고 있다면, 그는 이미 국가가 내리는 명령에 무엇이나 따르겠다고 동의한 것이라고 우리는 주장할 수 있지 않겠나?

여기에 따르지 않는 사람은 세 가지 측면에서 죄를 짓는 것이네. 첫째는 자기를 낳아준 우리에게 순종하지 않는 것이고, 둘째는 자기를 키워 준 우리에게 순종하지 않는 것이며, 셋째는 우리에게 복종하기로 동의하고서도 그것을 지키지 않고, 그렇다고 우리의 잘못을 우리에게 설득하려 들지도 않았다는 것일세. 우리는 우리의 명령을 무조건 따르라고 강요하지 않는 대신에 그것을 준수하거나 그렇지 않으면 우리를 설득하라는 선택의 자유를 주었네.

그러니 만일 자네가 자네 계획을 행동에 옮긴다면, 어느 것도 하지 않은 자네는 이처럼 여러 죄를 짓는 것일세. 그렇다면 자네는 아테네 시민 중 어느 누구보다도 더 큰 죄를 짓게 되는 것이지."

내가 "왜 그렇게 됩니까?" 라고 묻는다면 국법은 내가 다른 어느 누구보다도 더 분명하게 국법을 따르겠다고 동의하지 않았느냐고 말하겠지. (……) 국법은 또한 이렇게 말할 걸세. "소크라테스, 자네는 출정을 위해서 아테네를 떠난 일 외에는 어디에도 간 적이 없네. 또한 다른 사람들처럼 외유하거나 다른 나라 구경을 하고 싶어 하지도 않았고, 다른 나라의 법률을 알려고도 하지 않은 채 오직 우리나라에 만족하고 있지 않았는가. 자네는 우리를 지지하고 또 이 나라 법률 밑에서 살기로 동의했기에 이 나라에서 가정을 이루었네. 그것은 이 나라가 자네 마음에 들었기 때문이 아니겠나? 뿐만 아니라 이번 재판에서도 만일 자네가 원했다면 국외 추방의 형을 받을 수 있었을 테고 그때는 자네가 지금 국가의 동의 없이 행하려는 것을 허락 받을 수 있었을 걸세.

그러나 자네는 태연스럽게 사형을 받아도 상관없다며 스스로 국외 추방보다 사형을 선택하지 않았는가? 그런데 이제 와서 파렴치하게 탈주하여 국법을 파괴하려는 것은 그때 한 말을 배반하는 것이 아닌가? (……) 그와 같은 행위는 자네가 이 국법에 따라 살기로 동의한 약속을 어기는 것일세. 그러니 바로 이 점에 대해 먼저 대답해 보게. 자네는 행동으로 우리를 따라 생활해 나가겠다는 것을 보여 준 것이라고 주장하네. 이것은 사실인가 아닌가?"

이보게 크리톤, 우리는 이 질문에 대해 어떻게 대답해야 할까? 우리는 이 사실을 인정하지 말아야 하는가?

크리톤: 물론 인정해야겠지, 소크라테스.

소크라테스: 그러면 국법은 또 다시 이렇게 말하겠지. "그런데도 자네는 우리에게 동의하고 약속한 것을 파기하려 하지 않는가? 그 동의나 약속은 강요된 것이 아니며, 자네가 속아서 한 것도 아닌데 말이네. 짧은 시간에 결정하도록 강요당한 것도 아

니지 않은가? 만일 자네가 우리를 싫어하거나 그 약속이 자네에게 옳지 않다고 생각했다면 지난 70년 동안이나 신중하게 검토할 시간의 여유가 있었네. 자네는 그 동안에 이 나라를 떠날 수도 있지 않았나? 그러나 자네는 라케다이몬이나 크레테의 법률이 훌륭하다고 칭찬한 적이 있으면서도 그곳이나 그리스 이외의 그 어느 나라도 택하지 않았네.

자네는 절름발이나 장님, 불구자보다도 오히려 더 아테네 밖으로 나가지 않았네. 이것만 봐도 자네는 아테네 시민 그 누구보다도 더 이 나라와 국법을 사랑한 것이 아닌가? 나는 분명히 그렇다고 생각하네. 왜냐하면 국법은 빼놓고 나라만 마음에 든다는 것은 있을 수 없을 테니 말일세. 그런 자네가 이제 와서 자신이 동의한 것을 지킬 의사가 없다는 것인가? 오, 소크라테스, 자네가 우리 말을 듣는다면 이 나라를 버리고 달아남으로써 사람들의 조소를 받는 일은 없을 걸세. (……) 오, 소크라테스, 자네를 키워준 우리의 말을 따르게. 자네의 자식은 물론 목숨이나 그 밖의 어떤 것도 정의보다 소중히 여기지 말게나.

그래야만 저 세상에 가서도 그곳의 지배자들 앞에서 자신을 변호할 수 있지 않겠나? 자네가 지금 계획하고 있는 탈출을 실행에 옮긴다면, 그것은 자네나 자네 친구들을 위해서도 바람직하거나 정의롭지 않고 저 세상에서도 자네에게 좋은 일은 되지 못할 걸세. 만일 자네가 이 세상을 떠난다면, 그것은 우리 국법에 의해서가 아니라 인간들의 불의에 의해 희생된 것이네. 하지만 자네가 옳지 못한 방법으로 불의에 대해 보복하고, 우리에게 약속하고 동의한 것을 깨뜨리고, 조금도 해를 끼치지 말아야 할 자네 자신과 친구들과 조국과 법률에 해를 끼치고 도망간다면, 자네가 살아 있는 동안 자네에 대한 우리의 노여움은 가시지 않을 것이네.

그리고 저 세상에서도 우리의 형제인 하데스의 법률이 자네를 호의적으로 받아들이지 않으리라 믿네. 그들은 자네가 우리를 힘껏 파괴하려 했다는 것을 알고 있을 테니까 말이네. 아무튼 크리톤의 설득에 따라 행동해서는 안 되네. 그보다 자네는 우리의 말을 들어야 하네."

이보게 나의 친구 크리톤, 내 귀에는 이와 같은 말이 들려오는 듯하네. 지금도 내 귀에는 줄곧 이와 같은 말들이 윙윙거리며 울려와 다른 소리는 하나도 들리지 않고 있네. 그러니 자네가 어떤 반론을 펼친다 해도 아무 소용이 없을 걸세. 하지만 그래도 이보다 더 좋은 생각이 있다면 말해보게.

크리톤: 아, 소크라테스. 나는 더 이상 할 말이 없다네.

소크라테스: 그렇다면, 크리톤! 신이 인도하는 곳으로 갈 수 있도록 나를 내버려 두게.

– 플라톤, 《크리톤》 참고

– 관련 기출 문제: [2001] 연세대학교 인문계 논술 고사 제시문

생각 쓰기

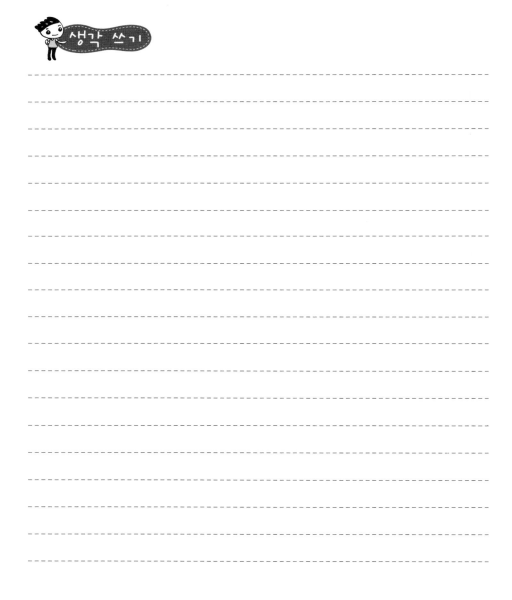

03강 삶의 의미

case 1 다음 제시문에는 삶과 죽음에 대한 태도가 나타나 있다. 제시문 ㉮과 ㉯에 나타난 삶과 죽음에 대한 태도를 각각 서술하고 비교하여 보시오.

㉮ "오오 심미아스, 참 철인(哲人)은 늘 죽는 일에 마음을 쓰고, 따라서 모든 사람 가운데 죽음을 가장 덜 무서워하는 자라네. 이렇게 생각해 보세. 그들이 늘 육체와 싸우고, 영혼과 더불어 순수하게 되기를 원했다면 그들의 소원이 성취되어 하데스(死後 世界)에 도착하면 그들이 이 세상에서 바라던 지혜를 얻을 수 있을 뿐만 아니라 그들의 원수와도 함께하지 않을 걸세.

그런 곳으로 떠날 수 있는데도 기뻐하지 않고 도리어 떨고 싫어하는 것처럼 모순된 일이 또 어디 있겠는가? 많은 사람이 그곳에 가면 사랑하던 이나 아내나 자식을 만나 그들과 함께 지낼 수 있으리라는 희망에서 죽기를 원했던 것이 사실이야. 그렇다면 참으로 지혜를 사랑하는 이로서, 그리고 저 하데스에서만 지혜를 보람 있게 향유할 수 있다고 확신하는 사람으로서 어떻게 죽음을 싫어하겠는가? 오히려 큰 환희를 안고 저승으로 떠날 것이 아니겠는가?

오오 나의 벗이여, 만일 그가 참 철학자라고 하면 그럴 것이네. 그는 저 세상에서, 그리고 거기에서만 순수하게 지혜를 발견할 수 있다는 굳은 확신을 가지고 있으니 말일세. 사리가 이렇다면, 내가 말한 것처럼, 그가 죽음을 두려워한다는 것은 당치 않은 소리일 거야."

— 플라톤, 《파이돈》 참고

– 관련 기출 문제: [2001] 서강대학교 인문계 논술고사 제시문

나 신들은 시지프스(고대 희랍 코린트의 왕)에게 바위를 쉬지 않고 산꼭대기로 밀어 올리는 벌을 내렸다. 산꼭대기에 올려 놓은 바위는 자기 무게 때문에 저절로 굴러 내려온다. 신들은 어떤 이유에서인지 아무 희망도 가치도 없는 노동보다 더 무서운 처벌은 없다고 생각한 것이다……. 여러분은 벌써 시지프스가 부조리의 영웅임을 눈치챘을 것이다. 신들에 대한 경멸과 죽음에 대한 증오, 삶에 대한 정열이 무를 성취하는 데 혼신의 힘을 다하는 저 참혹한 처벌을 그에게 안겨 준 것이다. 이것은 지상세계에 대한 정열의 대가로 치러야 되는 벌이었다.

이 신화에는 혼신의 힘을 기울여 저 커다란 돌을 들어 올리고 굴려서, 수백 번이나 비탈길을 밀고 올라가는 이야기가 나올 뿐이다. 일그러진 얼굴, 바위에 찰싹 달라붙은 뺨, 흙 묻은 돌덩이를 떠받친 어깨, 바위를 버티는 발, 새 출발을 위해 한껏 내뻗은 두 팔, 흙투성이의 양손, 너무나 인간적인 모습 등이 없는 공간과 시간의 오랜 노력 끝에 비로소 목적이 이루어진다. 하지만 곧 허무하게도 시지프스는 바위가 잠깐 사이 다시 저 아래 세상으로 굴러 떨어지는 것을 목격한다. 그는 또다시 저 돌을 정상으로 밀어 올려야 하기에 터덜터덜 평지로 내려간다.

저 잠깐 동안의 멈춤, 저 내려감—그동안의 시지프스가 나의 관심을 끈다. 그렇게

나 바위 가까이에서 애쓴 얼굴은 이미 바위 그 자체이다. 결코 끝을 알지 못하는 고통을 향해 무겁지만 단호한 걸음걸이로 내려가는 저 사람을 보라. 고통과 마찬가지로 확실하게 돌아오는 휴식 시간과도 같은 저 시간은 그에게는 의식의 시간이다. 고지를 떠나서 신들의 소굴로 차츰차츰 내려오는 저 모든 순간 동안 그는 자기의 운명을 넘어서고 있다. 때문에 그는 그의 바위보다도 단단하다.

이 신화가 비극이라면 그것은 이 신화의 영웅에게 의식이 있기 때문일 것이다. 만약에 그의 걸음걸이마다 성공의 희망이 그를 뒤덮는다면 사실 어디서 그의 고뇌를 찾을 수 있겠는가? 오늘날의 노동자는 그 일생 동안 날마다 같은 일을 반복한다. 이 운명도 마찬가지로 부조리이다. 그러나 그것은 그들이 의식을 하게 되는 드문 순간에만 비극일 뿐이다. 하지만 힘없는 반항자, 신들의 프롤레타리아 시지프스는 자신의 장래가 얼마나 비참한지를 속속들이 알고 있다. 그가 내려오는 동안에 생각하는 것은 바로 이것이다.

– 알베르 카뮈, 《시지프스의 신화》 참고

– 관련 기출 문제: [1998] 외국어대학교 인문계 논술 고사 제시문

생각 쓰기

주요 개념 및 배경 지식

1 부조리

부조리란 자기의 바람이나 기대가 현실과 어긋나는 것이 내포된 상황을 말한다.

2 허무

무(nihil)라는 의미의 허무는 지금껏 삶과 인생의 노력에 의미를 부여해 온 모든 최상의 것들이 가치 없게 된 결과로 등장한다. 삶이 무의미해 질 수 있다는 사실은 삶의 의미가 인간에게 자연적으로 주어지지 않고 인간에 의해 추구되고 창조되어야 한다는 것을 보여 준다.

3 하데스

하데스가 지배하는 죽음의 세계. 스틱스라는 강물로 현세와 격리되어 있고, 카론이라는 사공이 죽은 자를 그곳으로 건네다 주는데 그 입구에는 케르베로스라는 사나운 개가 지키면서 죽은 자가 다시 현세로 돌아가는 것을 막고 있다고 한다.

4 철인

철학을 배운 어질고 사리가 밝은 사람

04강 아이러니

case 1 **다음의 제시문 ㉮는 소피스트를 풍자하기 위한 아리스토파네스의 토막글이다. 반면 제시문 ㉯는 소크라테스의 아이러니적인 철학적 방법에 관한 소개의 글이다. 두 글을 읽고 아이러니 사용 방법의 다른 점을 서술하시오.**

㉮ 소크라테스: (등장하며) 숨결과 혼돈과 대기에 맹세코 나는 아직도 저렇게 무능하고 어리석은 멍텅구리는 본 적이 없어. 까마귀 고길 먹었나. 한두 마디도 못 외우고 금세 잊어버리니……. 어쨌든 저 자를 여기 해가 쬐는 곳으로 불러내야겠어. 스트레프시아데스, 이불을 가지고 나와!

스트레프시아데스: 벼룩 놈들 저항이 만만치 않은데요 (스트레프시아데스, 집에서 이불을 들고 등장).

(……)

스트레프시아데스: 소크라테스 선생!

소크라테스: 왜 그러나?

스트레프시아데스: 이자(利子)를 안 내도 되는 방법이 생각났어요.

소크라테스: 뭔데?

스트레프시아데스: 이렇게 하면 어떨까요?

소크라테스: 어떻게?

스트레프시아데스: 테살리아의 무당을 불러서 밤중에 달을 끌어내려요. 그런 후 달님을 둥근 투구함에 넣어 두는 거죠. 거울처럼.

소크라테스: 그게 무슨 소용이야?

스트레프시아데스: 에이 참, 달님이 아무 데도 뜨지 않으면 이자를 한 푼도 낼 필요가 없거든요.

소크라테스: 왜지?

스트레프시아데스: 왜라뇨? 이자는 달로 계산하니까죠.

소크라테스: 근사하군. 또 하나 문제를 내지. (……) 증인이 없어 불리할 때는 어떻게 상대의 고소를 걷어치우지?

스트레프시아데스: 땅 짚고 헤엄치기죠.

소크라테스: 말해 봐.

스트레프시아데스: 이렇게 하면 돼요. 내가 불려 가기 전, 다른 재판을 하고 있는 사이에 얼른 목을 매지요.

소크라테스: 멍청한 소리군.

스트레프시아데스: 천만에, 그게 아네요. 내가 죽으면 아무도 기소하지 못 한다 이겁니다.

소크라테스: 헛소리 그만 하고 꺼져! 이제 가르치는 것도 진저리난다!

– 아리스토파네스, 《구름》 참고

– 관련 기출 문제: [2004] 연세대학교 인문계 논술 고사 제시문

(나) 소크라테스는 진리를 찾거나 진리에 다가가기 위한 수단으로 산파술적인 기법의 아이러니를 사용하였다. 소크라테스는 대화자들에게 그들이 말하고자 하는 내용을 말로 적절히 표현할 수 없다는 사실을 확인시켜 주는 방법을 썼다. 더욱이 대화자들이 진리를 알고자 한다면 아는 것과 모르는 것을 구별해야 한다. 구별하기 위해서는 알 수 없는 것에 대해서도 알아야 한다는 모순이 발생하게 된다. 그런데 이와 같은 앎에 대한 모순으로부터 오는 인식의 회의를 탈피하고자 소크라테스는 아이러니의 방법을 사용했다.

따라서 아이러니한 진술은 대화자에게 숙고를 자극하게 하여 다시금 의심하게 하는 수단이다. 진리가 말로 적절히 표현될 수 없다면, 간접적인 암시와 역설(paradox)로 원래의 비 적절성을 의식시키고 동시에 말해지지 않은 것을 말해진 것 속에 있도록 유지시키는 것이 아이러니의 기능이다.

생각 쓰기

Note& guide

주요 개념 및 배경 지식

1 아리스토파네스

아리스토파네스(Aristophanes, BC 446~385?)는 고대 그리스의 희극 시인으로 그의 생애에 대해서 우리는 자세한 것을 알 수 없다. 그는 시사 문제나 소피스트를 해학과 풍자하는 데에 뛰어났다. 또한 그의 유머는 당시 아테네 사회의 모습을 풍자하고 아테네 사회의 부조리를 폭로함으로써 경각심을 불러 일으켰다. 현존하는 아리스토파네스의 작품은 희극 11편으로 《구름》(423), 《개구리》(405), 그리고 이른바 평화 3부작으로 불리는 《아르케이아인》(425), 《평화》(421), 《리사스트라타》(411) 등이 있다.

아리스토파네스의 모든 작품 속에는 펠로폰네소스 전쟁으로 혼란스러운 당시 아테네의 정치 상황이 반영되어 있다. 아리스토파네스는 정치가를 주로 공격의 표적으로 삼았지만 소크라테스와 소피스트들 또한 풍자의 대상이었다.

《구름》이 소크라테스의 죽음에 간접적인 계기가 되었다고 플라톤은 《소크라테스의 변명》에서 전한다. 이 작품에서 아리스토파네스가 그린 현인 소크라테스는 구름신을 숭배하면서 궤변술로 기껏해야 빌린 돈을 갚지 않기 위한 억지 논리를 개발해 주는 소피스트에 불과하다. 《구름》은 실제로 BC 423년에 상연되었다고 한다. 우리가 이 작품을 보고 웃게 되는 이유는 스트레프시아데스의 궤변 때문이다.

이 작품을 통해 일반 독자들은 소크라테스와 같은 소피스트들이 고고하고 심오한 철학을 공부하는 사람인 줄 알았더니, 기대와는 다르게 말도 안 되는 소리나 지껄이는 궤변론자였다는 사실을 알게 된다. 달을 투구함에 가둘 수도 없지만, 기소되지 않기 위해서 미리 목을 매 죽는다는 논리는 황당한 궤변이 아닐 수 없다.

'가르치는 것도 진저리난다' 는 소크라테스는 실존 인물을 그대로 묘사한 것이 아니다. 작가 아리스토파네스는 스트레프시아데스를 통해 소크라테스를 풍자하는 데 초점을 맞추었다. 노골적인 아리스토파네스의 명예훼손에도 불구하고 플라톤의《향연》에서 보면 당사자인 소크라테스와 아리스토파네스는 서로 태연히 대화를 나누기도 한다.

2 아이러니

반어(反語). '모순', '역설(逆說)', '이율배반' 과 어울려서, 전하려는 생각의 반대되는 말을 사용하여 효과를 보는 수사법이다. 또는 남을 은근히 비웃는 태도로, 자꾸 놀리거나 무시하는 태도를 나타낼 때 사용하는 수사법이다.

3 회의주의

인식의 확실성을 부인하고 모든 사람에게 옳거나 받아들여지는 절대적인 진리는 없다고 의심하거나 포기하는 주장이다.

05강 민주주의와 소크라테스

case 1 다음 제시문을 읽고 소크라테스가 민주주의를 비판한 이유를 서술하시오.

새봄: 나는 가끔 민주주의를 이해할 수 없을 때가 있어. 민주주의가 정말로 현명한 제도라고 한다면 어째서 민주주의의 고향인 아테네에서 소크라테스를 사형에 처할 수 있었겠어? 인류의 위대한 정신적 스승을 사형에 처할 수 있을 만큼 어리석은 결정을 내릴 수 있는 것, 그것이 바로 민주주의의 문제점이야.

샛별: 아테네 시민들이 민주적인 재판 절차를 거쳐 소크라테스에게 사형을 선고한 것은 소크라테스의 생각 자체가 민주주의와 정면으로 충돌하고 있었기 때문이지. 소크라테스는 언제나 절대적인 진리만을 참된 지식으로 인정했어. 그런데 아테네 시민들이 생각하는 정치적인 덕은 상식적인 인간들이 공동체를 운영해 나가는 데 필요한 기본적인 정의감과 선악의 분별 능력이었지. 기본적인 정의감과 선악의 분별 능력을 가진 사람이면 누구나 정치의 주체가 될 수 있다는 생각이 민주주의를 유지시켜 줄 수 있었던 거야. 그러니 아테네 시민들과 생각이 다를 수밖에 없었지.

새봄: 당시 아테네에서는 소피스트들이 더 많은 인기를 끌었을까? 그들은 정치적, 윤

리적인 문제에서 보편적 본질보다는 개인의 다양한 견해를 존중하는 경향이 있잖아?

샛별: 그렇지. 페르시아 전쟁은 아테네의 민주주의를 발전시키는 데 중요한 계기가 되는데, 먼저 갑옷이나 방패 등의 중무장을 스스로의 힘으로 마련할 수 있을 정도의 수입이 있는 사람들이 중무장 보병으로 마라톤 전투에 참가하여 전투의 승리에 공헌을 하지. 그 결과 중무장 보병의 정치적 영향력이 커지게 된 거야. 이어지는 살라미스 해전에서는 갑옷을 살 돈이 없는 무산자들도 노를 저을 힘만 있으면 수병이 되어 전투에 참여할 수 있었지. 아테네는 살라미스 해전에서의 승리로 페르시아 전쟁에서 승리할 수 있었고.

새봄: 자기들이 전쟁을 승리로 이끄는 데 공헌했다는 자신감으로 무산자들도 정치 참여를 요구했겠네?

샛별: 맞아. 결국 페르시아 전쟁의 승리와 함께 아테네의 민주주의는 무산자들에게까지 철저히 미치게 되었지. 그런데, 이 사람들이 정치 활동을 하기 위해서는 회의에서 효과적으로 말할 수 있는 논리의 기술을 필요로 했는데, 소피스트들이 이 사람들에게 돈을 받고 그 기술들을 가르친 거지.

새봄: 아아, 그래서 설득력 있게 말하는 능력을 가지게 된 사람들이 대거 정치에 진출해서 영향력을 넓힐 수 있었구나.

샛별: 소크라테스의 생각에는 아는 자만이 제대로 행동할 수 있기 때문에 아는 자가 다스리고 나머지는 그를 따라야 하는 거야. 그런데 아테네 민주주의는 모든 시민이 정치에 참여하고 있으니 무지한 자들이 이끌어 나가는 정치였던 것이지.

새봄: 그런 정치적인 이유가 있었구나. 하지만, 그래도 나는 이해가 안 돼. 상대주의를 중시하던 아테네 시민들이 어째서 소크라테스의 생각에 대해서는 상대주의적으로 인정해 주지 않았을까?

샛별: 아테네 시민들은 자신들의 정치 제도에 대해 아주 근본적인 문제부터 비판하는 소크라테스를 이해할 수 없었던 것 아닐까? 거기까지가 상대주의의 한계였던 것이라고 생각해.

– 고등학교 교과서 《정치》, 대한교과서, 41쪽 참고

생각 쓰기

Note&
guide

주요 개념 및 배경 지식

페르시아 전쟁

기원전 492년부터 기원전 479년까지 세 차례에 걸쳐 페르시아가 그리스를 침범하면서 일어난 전쟁. 마라톤이라는 말의 어원이 된, 마라톤까지 승전보를 알리기 위해 뛰어갔던 병사의 일화를 비롯하여, 살라미스 해전 등의 배경이기도 하다. 그리스가 승리하여 아테네는 문화 번영의 시대를 맞이했다.

아비투어 철학 논술

예시 답안

주 제 탐 구 01강 너 자신을 알라

case 1 '너 자신을 알라' 는 것은 '너가 진리를 모르고 있다는 것을 알라' 는 것이며, '너가 진리가 아닌 것을 진리라고 잘못 알고 있다는 것을 알라' 는 것이다. 사람들은 '남(의 입장)은 존중할 필요가 없으며 자기 이익을 추구하는 것이 옳다' 는 잘못된 생각을 진리라고 잘못 알고 있다. 이러한 '인간(남)을 존중할 필요가 없다' 는 것이 진리가 아니라는 것을 알게 되면, 자연히 인간(남)을 존중해야 한다는 인간존중 사상이 진리라는 것을 깨달을 수가 있다.

주 제 탐 구 02강 국가와 개인

case 1 소크라테스는 싸움터에서나 법정에서나 그 밖의 어느 곳에서나 조국이 명령하는 것을 수행하지 않으면 안 된다고 생각했다. 그는 조국을 귀하고 숭고한 것이라고 보았던 것이다. 때문에 그는 전쟁에 출정하기 위해서 아테네를 떠난 일 외에는 어디에도 간 적이 없다. 그리고 다른 사람들처럼 외유한 일도 없고, 다른 나라 구경을 하고 싶어 하지도 않았으며, 다른 나라의 법률을 알려고도 하지 않고, 오직 자신의 조국에 만족하였다고 고백한다.

소크라테스는 도망가고자 한다면 얼마든지 국외로 도망갈 수 있었다. 특히 그의 벗

크리톤은 소크라테스를 국내법의 그늘에서 벗어나는 국외로 도망가도록 설득했다. 그러나 그러한 벗의 설득에도 소크라테스는 이제 와서 조국과 법률에 해를 끼치고 도망갈 수 없으며 조국을 소중히 여기고 조국에 순종해야 한다고 크리톤을 설득한다.

우리는 언제 국가에 대한 사랑을 느낄까? 스포츠 경기를 볼 때, 특히 월드컵을 볼 때 우리 대표 선수들을 응원하면서 애국심을 느낀다. 우리 조국을 생각할 때마다 위대하고 거룩한 것 그러면서 따뜻하고 포근한 어떤 느낌을 떨쳐 버릴 수 없는 마음이 애국심이다. 그러나 소크라테스처럼 국가로부터 혜택을 받을 수 있을지 확실하지 않은 상태에서 혹은 사형을 당할 운명에 놓이면서까지 국가를 위하여 헌신하고 희생을 할 수 있다면 그것은 칭송을 받을 만한 행위를 하는 것이다. 애국심은 국가 정체성 존속과 국가 공동체 발전을 위해 필요로 하는 시민적 덕목이다.

– 고등학교 교과서 《시민윤리》, 교육인적자원부, 211~214쪽 참고

주제탐구 03강 삶의 의미

case 1 제시문 ㉮에서는 삶은 영혼의 세계인 죽음을 갈망한다. 제시문 ②에서 삶은 자신의 기대와 어긋나 있지만 삶의 정열을 갖고 있고 죽음을 증오한다.

제시문 ㉮에서 죽음은 슬프고 부정적인 사건이 아니라 즐겁고 긍정적인 사건이다.

소크라테스는 자신이 지혜를 사랑하는 철학자이기 때문에 죽음을 두려워하지 않는다고 말한다. 소크라테스는 늘 육체와 싸우고, 영혼의 순수한 세계(하데스)를 갈망하였다. 소크라테스가 보기에 죽음 이후에 자신은 영육이 서로 분리되어 육신은 썩어지고 영혼은 자유로운 세계로 간다는 것이다. 소크라테스에게 현실의 삶은 죽음의 연습일 뿐이다. 소크라테스는 순수한 지혜의 세계인 하데스로 가서 영혼의 자유로움을 향유하기를 원했다.

제시문 ㉯에서 코린트 왕 시지프스는 삶에 대한 정열의 대가로 무(無)를 성취하는데 혼신의 힘을 다해야 한다. 시지프스에게 삶은 부조리이다. 시지프스는 비탈길에서 커다란 돌을 굴려서 밀어 올리고, 올려놓은 바위는 자기 무게 때문에 저절로 굴러 내려온다. 그는 일생동안 날마다 같은 일을 한다. 시지프스에게 돌아오는 휴식 시간은 의식의 시간이다. 시지프스는 의식하게 되는 그 순간에만 자신의 장래가 얼마나 비참한지를 알고 있다. 신화가 비극이라면 그것은 이 신화의 영웅에게 자의식이 있기 때문이다. 시지프스는 신에 대한 경멸과 죽음에 대한 증오를 가지고 있다. 무를 성취하기 위한 삶에 대한 정열만을 가진 힘없는 반항자인 시지프스에게 신은 참혹한 벌을 내렸다. 시지프스는 현세의 삶이 부조리함을 자각하고 있다. 그는 죽음이라는 인간의 한계 상황을 알고 있다. 이처럼 신은 시지프스에게 무로 돌아갈 부조리한 삶의 참혹한 벌을 내렸지만, 그는 삶을 회피하지 않는다.

case 1 소피스트는 아이러니를 진리란 불가능하다는 것을 보여 주기 위해 사용한다. 반면 소크라테스의 아이러니는 드러내지 않은 진리의 진술을 조명하려는 의도를 갖고 있다.

제시문 ㉮를 읽고 웃게 되는 이유는 스트레프시아데스의 궤변 때문이다. 이 작품을 통해 당시 아테네 시민들은 소크라테스와 같은 소피스트들이 고고하고 심오한 철학을 공부하는 사람인 줄 알았더니, 기대와는 다르게 말도 안 되는 소리나 지껄이는 궤변론자였다는 사실을 알게 된다. 이자는 달로 계산하니까, 테살리아의 무당을 불러서 밤중에 달을 끌어내려 달님을 투구함에 넣어 두면 달님이 아무 데도 뜨지 않으니 이자를 한 푼도 낼 필요가 없다거나 증인이 없어 불리할 때 상대의 고소를 걷어치우기 위해서는 재판에 불려가기 전 목을 매 죽는다는 내용의 궤변이다. 이러한 궤변에 소크라테스는 '가르치는 것도 진저리난다' 고 응한다. 스트레프시아데스의 아이러니가 가능한 이유가 무엇인지 분석해 보자. 소피스트식의 아이러니는 지식은 전혀 불가능하다는 전제를 가지고 있다. 소피스트들은 전면적인 회의에 빠져 있기 때문에 궤변이 가능하다. 소피스트의 진술 속에 지식을 표현하는 어떤 내용을 담고 있다면, 어떤 지식도 불가능하다는 전제를 충족시킬 수 없다. 그러므로 소피스트식의 아이러니는 일정한 지식을 가진 어떤 표현도 용납될 수 없고 무엇이든 파괴적이어야 한다.

반면에 제시문 ㉯에서 소크라테스의 아이러니는 궁극적인 진리가 있다는 전제를 가지고 있다. 소크라테스는 방법적인 회의로서 아이러니를 사용한다. 비유나 은유적인 표현이 동시에 두 의미를 갖고 있듯이, 소크라테스는 아이러니의 표현을 사용해서 드러내지 않은 진리의 진술을 조명하려는 의도를 갖는다. 무지한 소크라테스를 아테네에서 가장 지혜롭다고 한 신탁의 아이러니 때문에 소크라테스 자신도 평생을 그 해답을 찾고자 노력하였다. 신탁을 정당화시킬 수 있는 근거를 찾기 위해서 소크라테스는 현자라고 불리는 모든 소피스트를 만났지만 결국 실망만 하고 돌아와야 했다. 그 중에 당연히 아리스토파네스도 있었다. 소크라테스를 만난 아리스토파네스는 작품 《구름》을 통해서 소크라테스를 궤변자로 풍자했다.

주제탐구 05강 민주주의와 소크라테스

case 1 소크라테스가 민주주의를 비판한 이유

당시 페르시아 전쟁에 참가했던 보병과 수병들은 전쟁에서의 승리를 발판으로 사회에 적절한 위치를 요구하기에 이르렀다. 이들은 대부분 무산자 계급이었으며 마침내는 정치 참여도 하게 되었다. 사회도 이들의 공헌을 인정하여 전쟁에 참전한 무신자들이 정치 활동을 하는 점을 적극 찬성하였다. 이 무신자들은 소피스트에게 적절히 말하며 정치 회의에 참여하는 법을 배웠는데 소크라테스가 극도로 싫어했던 것들은 바로 이런 점이었다.

소크라테스는 정치를 무지한 자들이 이끌어 나가는 것을 반대했다. 그중에서도 특히 관리를 제비로 추첨하는 것에 반대하였다. 절대적인 진리를 아는 자만이 제대로 행동할 수 있기 때문에, 아는 자가 다스리고 나머지는 지배를 받아야 한다고 소크라테스는 믿었던 것이다. 그런데 어리석은 무산자들까지도 정치에 참여하였기 때문에, 아테네 민주주의는 다수지배의 중우정치가 될 위험에 빠져 있다고 소크라테스는 비판하였다.

Abitur

철학자가 들려주는 철학이야기 012

벤담이 들려주는 최대 다수의 최대 행복 이야기

저자_**최지윤**
고려대학교 철학과 박사 과정을 수료하였고, 어린이철학연구소 강사 및 교재 집필을 했으며, 현재 대진대학교에 출강하고 있다.

공리주의

1. 본래적 가치로서의 '쾌락'
2. 목적론적 윤리 체계로서의 공리주의
3. 보편주의로서의 공리주의
4. 결과주의로서의 공리주의
5. 최대 다수의 최대 행복
6. 공리 계산법
7. 행위 공리주의와 규칙 공리주의
8. 양적 공리주의와 질적 공리주의
9. 공리주의의 한계

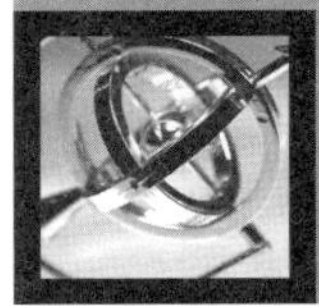

벤담의 〈공리주의〉

1 본래적 가치로서의 '쾌락'

다른 어떤 것의 수단으로서 좋은 것이 아니라 그 자체로 좋은 것을 '본래적 가치'를 가진 것이라고 말할 수 있다. 즉 본래적 가치란 더 높은 목적의 수단으로서가 아니라 목적 자체로서 가지는 가치를 의미한다. 어떤 것들은 그 결과나 영향 때문에 가치 있는 것으로 여겨진다. 예를 들어 당신은 좋은 옷을 사 입기를 원하고 돈은 이러한 목적 달성에 도움을 줄 수 있는 것이라고 생각하기 때문에 열심히 돈을 번다. 그러나 돈을 버는 것 자체가 좋은 것이라고 생각하는 사람은 거의 없다. 다시 말하면 돈을 버는 행위는 그 행위 자체를 위해 행하는 것이 아니라 다른 어떤 것을 위한 것이다. 그리고 어떤 다른 것은 목적 자체로서가 아니라 또 다른 목적에 대한 수단으로 가치 있는 것일지도 모른다. 좋은 옷을 사 입는 행위는 남들에게 좋은 인상을 주기 위한 목적의 수단일 수 있기 때문이다. 그러나 마침내 우리는 그 자체로서 갖고 싶고 또 즐기고 싶은 인생의 경험이나 상황에 이르게 된다. 이것들이 우리가 본래적으로 좋은 것이라고 판단하는 목적들이다. 그것들은 우리에게 본래적 가치를 갖는다. 칸트는 이러한 본래적 가치가 바로 인간의 '선 의지'라고 보았다. 반면 공리주의는 본래적 가치로 '쾌락'을 말한다.

2 목적론적 윤리 체계로서의 공리주의

규범 윤리는 우리가 어떻게 살아야 하는지, 즉 어떤 선택 상황에서 무엇을 해야 하고 또 하지 말아야 하는지를 결정할 수 있는 도덕적 표준과 행위의 규칙을 제시하는 이론이다. 규범 윤리 중 하나인 공리주의는 영국 철학자 벤담과 밀의 저작 속에서 그 고전적인 형태를 갖추었다. 공리주의는 하나의 목적론적인 윤리 체계로 만약 한 사람이 어떤 행위를 할 경우 좋은 결과를 낳는다면, 또는 만약 모든 사람이 그 행위를 할 경우 좋은 결과를 낳는다면 그 행위는 도덕적으로 옳다고 주장한다. 어느 경우든 결국 그 행위를 옳거나 그르게 하는 것은 바로 그 행위가 갖는 결과의 좋고 나쁨이다.

공리주의 윤리학의 기본 개념은 그 이름이 나타내는 바와 같이 유용성의 개념, 즉 만약 한 행위가 유용하다면 그 행위는 옳다는 것이다. 이렇게 말하면 그 행위가 어떤 목적에 유용한가를 물을 수 있다. 왜냐하면 어떤 것이 수단이 되는 그 목적을 모른다면 우리는 그 수단이 유용한지 그렇지 않은지를 결정할 방법을 모르기 때문이다. 이러한 물음에 대한 공리주의자들의 대답은 바람직하거나 또는 좋은 목적, 즉 본래적 가치를 갖는 목적을 달성하는 데 유용할 때 그 행위는 옳다고 답변한다.

공리주의 윤리학의 기본 원리는 옳은 것은 좋은 것에 의존한다는 것이다. 한 행위가 도덕적으로 옳은가는 그 행위의 결과가 무엇인지 찾아내고 또 그것이 본래적으로 좋은지 또는 나쁜지를 결정함으로서만 알 수 있다는 것이다. 그렇다면 공리주의자들이 옳은 행위의 결과를 좋다고 판단하는 본래적 가치의 표준은 무엇일까? 이에 대해 공리주의자들은 두 가지 다른 대답을 했다. 벤담과 같은 사람들은 '쾌락' 이라고 했고 밀은 '행복' 이라고 말했다. 벤담은 '쾌락' 이 곧 '행복' 이라고 여긴 반면, 밀은 행복이란 단순히 쾌락의 종합은 아니라고 한다. 이에 따라 벤담은 '쾌락주의적 공리주의' 로, 밀은 '행복주의적 공리주의' 로 분류될 수 있다.

쾌락주의적 공리주의의 기본 규범은 다음과 같다. 만약 한 행위가 쾌락을 가져다 준다면(또는 고통을 막는다면) 그것은 옳다. 그러나 고통을 초래한다면(또는 쾌락의 초래를 막는다면) 그 행위는 그르다. 행복주의적 공리주의의 기본 규범은 위의 쾌락주의적 공리주의의 규범에서 '쾌락' 을 '행복' 으로, '고통' 을 '불행' 으로 바꾸어 놓기만 하면 된다.

3 보편주의로서의 공리주의

공리주의에 의하면 그것이 쾌락주의적이든 행복주의적이든 행위의 결과를 판단할 가치의 표준은 반드시 공평하고 보편적으로 적용되어야 한다. 즉 결과의 긍정적 혹은 부정적 가치를 계산할 때, 한 사람의 쾌락(또는 행복)은 다른 사람의 쾌락과 똑같이 계산되어야 한다. 행위자의 이익은 다른 사람들의 이익과 함께 고려되어야 하며, 다른 개인의 이익보다 행위자의 이익에 더 큰 비중을 두어서는 안 된다. 자신의 쾌락과 다른 사람의 쾌락 사이에서 행위자는 엄격히 공평해야 하며, 자신 또는 자신이 좋아하는 사람에게 유리하도록 편파적이어서는 안 된다. 공리주의자의 입장에서 볼 때 모든 인간은 그들의 이익을 충족하는 데 있어서 똑같은 권리를 갖는다. 이런 점에서 공리주의를 보편주의라고 할 수 있다.

4 결과주의로서의 공리주의

우리는 어떤 행위를 평가할 때 그 행위의 동기와 결과를 고려해서 판단한다. 그런데 특정 윤리 체계에서는 동기를 중요시하기도 하고 혹은 결과를 중요시하기도 한다. 공리주의는 어떠한 행위도 그 자체로 도덕적으로 옳거나 그르다고 판단할 수 없다. 공리주의는 행위 자체를 평가하는 것이 아니라 혹은 행위의 동기로서 행위를 평가하는 것이 아니라 그 행위에 따른 결과에 의해 도덕적으로 허용할 수 있는 행위와 허용할 수 없는 행위를 구별한다. 예를 들어 칸트와 같은 의무론적 윤리 체계에서 거짓말을 하는 행위는 그 자체로 도덕적으로 그르다. 반면 공리주의는 우리가 거짓말을 해서는 안 되는 이유가 거짓말이라는 행위 자체가 도덕적으로 그르기 때문이 아니라 거짓말을 함으로써 산출되는 결과가 고통을 초래하기 때문에 해서는 안 되는 것이다. 그렇다면 거짓말이라고 하더라도 그것이 더 많은 쾌락을 낳는다면 허용될 수 있을 것이다. 예를 들어 의사가 환자의 병을 낫게 할 목적으로 가짜 약을 주었고 실제로 효과를 보았다면(플라시보 효과) 이는 거짓말에 해당하지만 도덕적으로 허용될 수 있다는 것이다. 이런 점에서 공리주의는 결과주의라고 할 수 있다. 그러나 여기서 유의할 것은 공리주의자가 결과를 중요시한다고 하더라도 그들이 동기 자체를 중요하지 않다고 생각하는 것은 아니라는 점이다. 가령 동기는 좋은데 결과가 나쁜 행위와, 동기는 나쁜데 결과가 좋은 행위 중 행위의 올바름을 평가하라고 한다면, 공리주의자들은 후자를 선택한다는 것이지 동기의 중요성을 간과하고 있는 것은 아니다.

5 최대 다수의 최대 행복

공리주의는 최대 다수의 최대 행복을 이상으로 삼고 있다. 최대 다수의 최대 행복은 다른 말로 하면 공공의 행복이라고 할 수 있다. 벤담은 최대 다수의 최대 행복을 그의 모든 이론의 기초로 삼고 있다. 다시 말해 벤담을 포함한 공리주의자들은 최대한 많은 사람들이 가장 커다란 행복을 얻는 것을 지상 최대의 과제로 삼고 있다는 것이다. 이와 같은 학설은 이전에도 계몽 철학자 F.허치슨, J.프리스틀리 등에 의하여 제창되었으나, 벤담이 그의 저서 《도덕 및 입법(立法)의 제원리(諸原理)》(1789)에서 공리주의 철학의 근본 원리로써 이론화하여 유명해졌다.

벤담은 사람이 어떤 행위를 할 때 쾌락이 따르면 그 행위를 하고, 고통이 따르면 하지 말아야 한다고 주장한다. 그런데 사람들이 어떤 행위를 하고 안 하고의 결정은 개인의 쾌락과 고통으로 결정하는 것이 아니라, 최대 다수, 즉 우리의 쾌락과 고통으로 결정해야 한다. 사람들은 결국 자신의 고통과 쾌락에 따라 행위를 하지만, 다른 사람을 고려할 수밖에 없다. 왜냐하면 공리주의는 나와 타인의 가치를 동등하게 보기 때문에 나의 행위가 타인에게 어떤 식으로든 영향을 미친다면 그 영향에 대해서도 고려해야 하기 때문이다. 내가 어떤 행위를 선택할 것인가에서 오로지 나만이 고려 대상이라고 한다면 공리주의는 최대 다수의 최대 행복을 목표로 할 수 없을 것이다. 그러나 나와 타인을 동시에 고려해야 한다는 공리주의의 원리에 따르면 어떠한 행위이든 그 결과가 많은 이들에게 최대한 많은 행복을 가져올 수 있도록 해야 한다는 것을 주장할 수 있다.

6 행위 공리주의와 규칙 공리주의

모든 공리주의자에게 유용성의 원리는 인간 행위의 옳음과 그름에 대한 궁극적인 척도이다. 그러나 이 척도를 적용할 때 우리는 개별적 행위에 이를 직접 적용할 것인가 아니면 행위의 규칙에만 제한적으로 적용할 것인가 하는 문제에 도달한다. 행위에 직접 적용할 때는 개별적인 행위가 옳은지 그른지를 알기 위해서 그 행위의 결과가 무엇인지를 알아야 할 것이다. 그래서 옳은 행위란 다른 어떤 행위보다 더 큰 유용성을 갖는 것으로 정의된다. 반면 행위의 규칙에 유용성의 원리를 제한적으로 적용한다면 어떤 행위는 그것이 정당한 행위 규칙과 일치하면 옳고 이를 위반하면 그르다. 즉 행위자가 의존하는 도덕 규칙이 무엇인가를 살펴보고 이 규칙이 보편적으로 적용될 때 결과가 다른 대안적인 규칙이 적용될 때보다 더 많은 유용성을 산출한다면 그 행위는 도덕적으로 허용된다고 말한다. 행위 자체의 결과가 갖는 유용성을 고려하는 공리주의를 '행위 공리주의' 라고 부르고 행위가 의존하는 도덕 규칙이 최대의 유용성을 산출하는가를 고려하는 공리주의를 '규칙 공리주의' 라고 부른다. 예를 들어 '도둑질을 해서는 안 된다' 는 도덕 규칙에 의존하여 어떤 행위를 했다면 규칙 공리주의는 그 행위가 의존하는 도덕 규칙인 '도둑질을 해서는 안 된다' 가 보편적으로 적용될 경우 결과가 어떠한가를 따진다. 반면 행위 공리주의는 개별적인 행위자(예를 들어 철수나 영희와 같은 개별자)의 구체적인 행위(예를 들어 '철수는 사과가 너무 먹고 싶어서 과일 가게의 사과를 몰래 훔쳤다') 자체가 갖는 결과만을 따진다.

7 공리주의의 한계

공리주의에 따르면, 우리는 어떤 행위가 쾌락(행복)을 낳거나 고통(불행)을 줄일 수 있다면 그 행위를 행해야 한다. 그런데 쾌락(행복)의 내용이 사람마다, 때와 장소에 따라 다르다는 문제점이 있다. 고정적이고 통일된 의미에서 쾌락과 고통의 양을 비교할 수 없다는 것이다.

예를 들어 깡패가 폭력을 휘두르며 느끼는 쾌락과 어려운 이웃을 도움으로써 얻는 정신적 쾌락을 동일하게 생각할 수는 없을 것이다.

또한 공리주의는 최대 다수의 최대 행복을 강조함으로써 개인의 권리가 무시될 수 있다는 문제점을 안고 있다. 예를 들어 많은 사람들의 생명을 살리기 위해 한 사람의 오장육부를 다 내어 주는 것이 좋은 것이라고 할 수는 없을 것이다. 따라서 소수이지만 개인의 권리가 다수에 의해 침해되는 경우를 공리주의에서 배제하기란 어렵다.

다음으로 쾌락(행복)을 어떻게 양으로 측정하느냐의 문제가 제기될 수 있다. 공리주의는 마치 고통(불행)의 양과 쾌락(행복)의 양을 측정 가능한 것처럼 말하고 있다.

그러나 고통과 쾌락을 수치화할 수 있는 방법이 없다. 따라서 고통과 쾌락의 양을 측정해서 비교하는 계산법은 불가능하다.

나아가 공리주의의 입장을 끝까지 진행시키다 보면 공리주의는 우리가 실제로 행하기 힘든 일을 요구하는 원리가 될 수도 있다.

예를 들어 공리주의에 따르면 나와 타인의 가치가 동일하기 때문에 나의 이익과 타인의 이익을 동등하게 고려해야 한다. 즉 나와 타인의 쾌락과 고통의 양을 동등하게 고려해서 판단해야 한다는 것이다.

그런데 우리가 바다에 빠진 아버지와 어떤 아저씨를 구하고자 할 때 '내 아버지이기 때문에' 아버지를 구한다는 상식적인 직관을 공리주의에서는 정당화할 수 없다.

주 제 탐 구

1강 법(法)과 최대 다수의 최대 행복
2강 공리주의의 기본 원리
3강 공리주의의 종류
4강 공리 계산법
5강 공리주의의 한계

01강 법(法)과 최대 다수의 최대 행복

case 1 벤담은 영국의 법을 고치려고 노력했던 사람이다. 벤담은 법을 만들 때 무엇을 가장 고려해야 한다고 주장했고, 그 이유는 무엇인지 다음 글을 참고하여 서술해 보시오.

"자, 아까 벤담이 주장했던 것이 뭐라고 했지, 해리포터 군?"

아저씨는 아까 법학 교수님의 말투를 흉내 내어 물었어.

"네, 영국 법을 많은 사람들의 행복을 위한 법으로 고쳐야 한다는 것입니다!"

"그래, 많은 사람들의 행복, 이런 걸 공공의 이익이라고도 하고, 공리주의라고도 하지. 벤담이 이 주장을 하게 된 계기가 있어. 바로 프리스틀리가 했던 말 때문이야."

"프리스틀리요?"

"그래. 벤담이 처음부터 공리주의를 주장한 것은 아니야. 프리스틀리의 책에서 '최대 다수의 최대 행복' 이라는 글귀를 읽고 깨닫게 된 거지."

"최대 다수의 최대 행복이요?"

"그래. 아까 말한 공공의 이익과 비슷한 말이야. 최대한 많은 사람들이 최대한 많은 행복을 누릴 수 있게끔 법이 바뀌어야 한다는 거야."

"그러니까 법이 어떻게 바뀌어야 한다는 건가요?"

난 참지 못하고 질문했어.

"어허! 내가 아까 뭐라고 했지? 질문을 할 때는 손을 들고 하라고 하지 않았나, 혜리 양!"

"네, 알겠습니다."

"공공의 이익을 위해서 어떻게 법을 바꾸면 될까? 공공의 이익을 위해서 벤담은 무엇보다 의무를 강조했어. 사람들이 자신의 이익만 생각하지 않고 의무를 함께 생각할 때, 행복이 이루어진다고 생각한 거야."

"의무요?"

"그렇지. 의무란 책임과도 같은 거지. 혜리는 학생이니까 공부를 열심히 하는 것이 의무이고, 아저씨의 경우는 아저씨의 일에 최선을 다하는 것이 의무라고 할 수 있지."

"또 어떤 의무가 있나요?"

혜리가 물었어.

"예를 들어서 대한민국이라는 나라에서는 남자가 스무 살이 넘으면 군대에 가서 나라를 지키는 것이 의무란다. 그런데 좀 부끄러운 이야기지만 몇몇 남자들은 군대를 가지 않으려고 하지. 이런 경우는 자신의 의무를 다하지 못했다고 할 수 있어."

"아……."

"그래서 벤담은 가능한 많은 사람들이 의무를 다하도록 법을 만들어야 한다고 주장했어. 예를 들면 공공의 이익을 얻는 데 많은 공을 세운 사람에게는 국가가 상을 준다거나 하는 식으로 말이야."

"아, 그러면 많은 사람들이 공공의 행복을 위해 살아가게 된다고 생각한 거군요?"

"그렇지. 그래서 벤담은 그런 법과 제도를 만들어야 한다고 주장한 거지."

"그럼 지금 우리나라의 법과도 비슷한 거네요."

"그렇지, 법은 기본적으로 공리주의를 따르고 있다고 봐야지."

– 《벤담이 들려주는 최대 다수의 최대 행복 이야기》 중에서

생각 쓰기

주요 개념 및 배경 지식

1 프리스틀리

프리스틀리(Joseph Priestley, 1733~1804)는 영국의 신학자이자 철학자, 화학자로 1772년 탄산가스를 이용하여 소다수를 발명하고, 기체를 물 또는 수은 위에서 포집하는 장치를 고안하였으며, 일산화이질소, 암모니아, 염화수소, 이산화황, 플루오르화규소 등을 발견하였다. 또한 식물의 호흡, 동화작용 등도 연구하였다. 신학자로서 프리스틀리는 공리주의 입장에서 삼위일체와 그리스도교의 신성(神性)을 부정하였다. 자연권의 도그마를 부정하고, 사회의 다수 성원의 상호이익이라는 공리주의적 원리에 기초를 두어 J.벤담 등에게 큰 영향을 미치기도 했다.

2 성문법

불문법(不文法)과 대립되는 개념으로 문자로 표현되고 문서의 형식을 갖춘 법을 말한다. 국가적인 입법기관에서 일정한 절차를 거쳐 제정되는 법을 제정법(制定法)이라 하는데, 성문법은 모두 제정법이다. 성문헌법도 성문법의 일종이며, 그 하위의 성문법으로는 법률 · 명령 · 조약 · 규칙 · 조례 등이 있다. 성문법은 합리적인 법의 구체화에 적합하고 여러 제도를 급속히 개혁하는 데 편리하며, 법의 존재와 그 내용이 명백하여 법 생활의 안정성을 확보할 수 있다는 등의 장점이 있다. 반면

유동하는 사회 실정에 즉응할 수 없고, 입법이 복잡 · 기술화하여 국민의 체계적 이해가 어렵다는 점 등의 단점이 있다. 그러나 법의 형식으로서 성문법을 중심으로 하는, 이른바 '성문법주의'가 오늘날에는 지배적이다. 불문법주의에 입각한 영미법에서도 관습법으로 규율할 수 없는 사회현상이 급증함에 따라 성문법이 점차 많아지고 있다.

3 공공의 행복

'공공의 행복'이란 많은 이들을 행복하게 하는 것이라고 할 수 있다. 벤담은 사람들이 살면서 서로 고통과 쾌락을 나누면서 공공의 이익과 행복을 위해 살아야 한다고 주장한다. 이것이야말로 최대 다수의 최대 행복이라는 것이다. 벤담은 옳은 행위는 쾌락을 늘리고, 옳지 못한 행위는 고통을 늘린다고 생각한다. 그래서 쾌락을 늘리기 위해서 사람들은 옳은 행위를 해야 하며, 고통을 줄이기 위해서 옳지 못한 행위를 해서는 안 된다고 말한다. 개인의 선, 옳은 행위, 쾌락이 모이면 결국 사회의 선, 옳은 행위, 쾌락이 된다는 것으로, 개인의 선을 모두 합하면 결국 사회의 선이 된다. 그렇다면 우리가 바라는 최대 다수의 최대 행복이 사회의 선이며, 옳은 행위이며, 쾌락이 되는 것이라 할 수 있다.

4 의무

사회생활 속에서 사회적 질서를 유지하고 조정하기 위한 사회적 · 물리적 · 정신적인 강제 및 구속을 일컫는 말이다. 인간의 사회생활에는 일정한 규범이 요구

된다. 이 규범은 개인을 구속함과 동시에 욕구 · 기대 · 실현을 위해 지나야 할 통로이며, 이 통로를 지나는 것을 서로 지킴으로써 비로소 사회질서가 유지된다. 이 규범은 타인과의 관계에 있어서의 규제인 동시에 자기 자신에 대한 규제이기도 하다. 이 경우에 어떤 의미에서는 강제적이지만 규범이 내재화(內在化)해 있을 때는 그 규범은 사회생활상의 일정한 의무로서 내면화(內面化)한 것이 된다.

이것을 윤리학적으로는 '~해야 한다' 라는 당위(當爲)의 형태로, 도덕적 필연성으로 규정한다. 고대 그리스 철학 이래로 의무의 관념은 극히 중요시되어 왔다. 그리고 칸트에 이르러 도덕적으로 필연성을 가지는 요구로서 인간의 의지 및 행위에 부과되는 구속, 강제로서 규정되었다. 칸트는 자기 자신에 대한 의무와 타인에 대한 의무를 구별하여 절대적, 자기목적적(自己目的的)인 도덕률의 지상명령에 따라 최고선(最高善)에 도달하는 것이 의무의 본질이라고 하였다.

법률학상의 의무는 권리의 반대 개념으로서 법률상의 인격에 부과되는 구속이라고 할 수 있다. 여기서는 적극적으로 무엇을 하지 않으면 안 된다는 작위(作爲)의 의무와 소극적으로 무엇을 해서는 안 된다는 부작위(不作爲)의 의무로 크게 구별된다. 이를 도덕상의 의무와 구별하기 위하여 법적 의무 또는 법률상의 의무라고 한다.

02강 공리주의의 기본 원리

case 1 아래 글을 참고하여 벤담이 주장하는 공리주의 입장에서 개인이 어떤 행위를 하고, 하지 않고는 무엇에 따라 결정되어야 하는지를 서술하시오.

㉮ "해리포터 군, 만약에 어떤 일이 너에게도 즐거움을 주고, 다른 사람들에게도 즐거움을 준다면 넌 그 행동을 하겠니? 하지 않겠니?"

"당연히 하죠. 저한테도 좋고 다른 사람에게도 좋은 일인데요."

"그럼 네가 한 일이 너에게 고통을 주고 다른 사람에게도 손해를 끼친다면 그 행동은 하지 않겠지?"

"그럼요. 저한테도 좋지 않고 공공에도 해를 끼치는 일을 제가 왜 하겠어요?"

아저씨는 해리에게 너무도 당연한 질문만 했어.

"그렇다면, 이번에는 혜리 양."

"네!"

내 차례가 되자 크게 대답했어. 너무 쉬운 질문이라 자신 있게 대답할 수 있을 거라 생각했거든.

"만약 네가 한 일이 너에게는 즐거움을 주지만 공공에는 고통을 준다면 어떻게 하겠니?"

"네?"

전혀 예상하지 못한 질문을 받자 난 쉽게 대답할 수가 없었어.

(……)

"이건 반대되는 질문인데, 만약에 네가 하는 행동이 너에게는 고통스럽지만 공공의 행복이 되는 일이라면 어떻게 하겠니?"

"……."

갈수록 어려운 질문뿐이었어.

–《벤담이 들려주는 최대 다수의 최대 행복 이야기》 중에서

(나) 벤담은 우리가 어떤 행위를 할 때 그 행위에 쾌락이 따르면 해야 하고, 고통이 따르면 해서는 안 된다고 주장한다. 그런데 사람들이 어떤 행위를 하고 안 하고의 결정은 개인의 쾌락과 고통으로만 결정해서는 안 된다. 즉 최대 다수, 우리의 쾌락이나 고통으로 결정해야 한다는 말이다. 벤담은 행복한 사회를 꿈꾸었다. 이 말은 개인의 행복과 쾌락만이 아니라 이것이 영향을 미치는 전체의 행복 양을 따져 보아야 한다는 말이다. 그래서 사람들은 전체의 행복 양을 크게 하거나 고통 양을 줄이는 행위를 해야 한다.

생각 쓰기

case 2 **다음의 상황들을 살펴보고 공리주의자 입장에서 제시된 ㉮ 중에서 어떤 행위를 더 선호할 것인지를 순서대로 나열해 보고, ㉯ 중에서 나와 타인의 이익 사이의 관계 중 맞는 것을 골라 보고 그 이유를 서술하시오.**

㉮ (1) 동기도 좋고 결과도 좋다.

(2) 동기는 좋은데 결과는 나쁘다.

(3) 동기는 나쁜데 결과는 좋다.

(4) 동기도 나쁘고 결과도 나쁘다.

㉯ (1) 나의 이익 〉 다른 사람의 이익

(2) 나의 이익 〈 다른 사람의 이익

(3) 나의 이익 = 다른 사람의 이익

생각 쓰기

Note& guide 주요 개념 및 배경 지식

1 이타주의

자신의 이익과 타인의 이익 중 타인의 이익을 우선시하는 입장이다. 즉 타인을 위한 선(이익)을 행동의 정칙, 의무의 기준으로 생각하는 입장으로써, 윤리적 이기주의 그리고 부분적으로는 공리주의와 대립한다.

2 보편주의

그 적용 대상에 있어 이를 개별로 볼 것이냐 보편으로 볼 것이냐의 문제에 따라 구분되는 입장이다. 보편주의는 보편자(또는 전체)를 개별자(또는 개인)보다 상위에 두고, 개별자는 보편자와의 관계에서만 그 존재 이유와 의의를 가진다고 하는 입장이다. 공리주의는 나를 포함한 모든 존재의 고통과 쾌락을 동등하게 고려하고 이를 보편적으로 적용한다는 데서 보편주의라고 할 수 있다.

03강 공리주의의 종류

case 1 존 스튜어트 밀과 벤담의 공리주의는 어떻게 다른지 다음 글을 읽고 밀과 벤담의 공리주의가 어떤 부분에서 차이를 보이는지 논술하시오.

"밀은 쾌락을 양으로만 따질 게 아니라 질로도 따져야 한다고 주장했어. 벤담은 쾌락에는 여러 종류가 있다고 했지만 우선순위를 두지는 않았어. 잠을 자서 얻는 쾌락과 책을 한 권 썼을 때 얻는 쾌락의 질이 같다고 생각했지. 너희는 어떻게 생각하니?"

나는 내가 나설 때라고 생각했어. 해리만 이해한 게 아니라 나도 제대로 이해했다는 걸 보여 주고 싶었지.

"아저씨 말을 듣고 보니까 좀 이상한 것 같아요. 저는 책을 써 본 적은 없지만, 학교에서 독서 감상문을 잘 써서 선생님께 칭찬을 받고 느끼는 쾌락과 낮잠을 달콤하게 자고 나서 얻는 쾌락은 좀 다른 것 같아요."

"어떻게 다르다고 생각하는데?"

"뭐랄까? 독서 감상문을 써서 얻는 쾌락이 좀 더 수준 높게 느껴져요."

"그래, 밀은 바로 그걸 주장한 거야. 쾌락에도 등급이 있다고 주장했지. 감각으로 느낄 수 있는 쾌락, 즉 먹는 것, 자는 것에서 오는 쾌락보다는 정신적인 쾌락이 더 수준 높은 것이라고 말했어. 그리고 인간은 항상 더 높은 수준의 쾌락을 원할 거라고 했지."

– 《벤담이 들려주는 최대 다수의 최대 행복 이야기》 중에서

생각 쓰기

case 2 **다음 글을 읽고 두 입장의 공통점과 차이점을 제시해 보고 이로부터 공리주의에 대해 무엇을 알 수 있는지 서술하시오.**

체육학과 4학년인 철수는 자신이 철학 과목에서 10점이 미달되어 학점을 받지 못한다면 졸업을 할 수 없어 보장된 코치직도 맡을 수 없는 상황이다. 그래서 철수는 담당 교수를 찾아가 다음과 같이 하소연했다.

"만일 교수님이 저에게 10점을 더 주신다고 하더라도 저는 아무에게도 그 말을 하지 않을 것입니다. 제가 졸업을 하지 못한다면 저는 직장에 취업할 수가 없고, 그렇게 되면 가족의 생계를 책임져야 하는 저와 가족들은 상당한 어려움을 겪게 될 것입니다. 저는 학교를 다니면서도 일을 해야 했고 어려운 철학 수업을 이해하기 위해 최선을 다했습니다."

교수1: 만약 내가 철수에게 10점을 더 준 사실을 철수가 누설하지 않는다면 조금 꺼림칙하기는 하지만 어떠한 부정적인 결과도 없다고 봐야 한다. 오히려 점수를 주지 않았을 때 철수와 그의 가족들이 겪을 고통이 상당하다. 따라서 나는 철수에게 10점을 더 줄 것이다.

교수2: 만약 내가 철수에게 10점을 더 준다면 나는 '교수는 학생들의 성적을 학생들의 요구에 따라 주어야 한다'는 규칙에 따른 것이다. 반면 점수를 더 주지 않는다면 나는 '교수들은 학생들의 요구가 아니라 성적에 따라 점수를 주어야 한다'는 규칙에 따른 것이다. 두 규칙 중 어느 것이 최대 유용성을 낳을까? 두 규칙이 각기 보편적으로 적용되는 상황을 생각해 본다면 분명 성적에 따라 점수를 주는 것이 더 많은 유용성을 낳을 것이다. 따라서 나는 철수에게 10점을 더 줄 수 없다.

생각 쓰기

Note& guide

주 요 개 념 및 배 경 지 식

1 행위 공리주의

행위 공리주의(act utilitarianism)는 어떤 행위의 도덕성을 그 행위 자체가 최대의 유용성 또는 적어도 다른 행위보다 많은 유용성을 산출하는지의 여부에 따라 판단한다.

2 규칙 공리주의

규칙 공리주의(rule utilitarianism)는 어떤 행위의 도덕성을 그 행위에 전제된 도덕 규칙이 일반적으로 도출된다면, 그 규칙이 최대의 유용성 또는 적어도 다른 규칙보다 많은 유용성을 산출하는지의 여부에 따라 판단한다.

04강 공리 계산법

case 1 벤담은 쾌락과 고통의 양을 어떻게 계산할 수 있다고 보는가? 다음 글을 참고하여 벤담이 제시한 쾌락 계산법을 서술해 보고, 이외에도 벤담이 제시한 쾌락과 고통을 비교하는 기준이 무엇인지 서술하시오.

우리 마을에서 숲이 있는 마을로 가려면 내를 건너야 해요. 그러면 다리가 필요하겠죠? 그런데 다리를 놓는 위치 때문에 싸움이 벌어졌어요. 다리를 교회 앞에 놓을지, 학교 앞에 놓을지 말이에요. 교회에서 다리를 자주 이용하는 사람은 목사님 두 분이고 학교에 다니는 아이들은 50명이에요. 그러면 여러분이 생각하기에는 당연히 학교 앞에 다리를 놓아야 한다고 생각하겠죠?

그런데 우리 마을은 다리를 교회 앞에 놓았습니다. 왜 그랬을까요? 그 이유가 궁금하시죠? 바로 유용성 때문이에요. 유용성은 쉽게 말해 '누가 더 잘 쓸 수 있는지'를 말하는 겁니다. 목사님 두 분은 부모가 없는 어린아이들을 돌보고 계시기 때문에 숲이 있는 마을로 자주 건너가셔야 합니다. 그런데 학교에 다니는 아이들은 거의 다 우리 마을에 살기 때문에 다리를 사용할 일이 거의 없어요. 목사님이 다리를 건너야 할 일이 100번이라면 아이들이 건너야 할 일은 채 두 번도 되지 않아요. 그렇다면 다리를 놓았을 때 누가 더 많이 사용할까요?

당연히 목사님 두 분이시겠죠. 그래서 우리 마을은 다리를 교회 앞에 놓았어요. 저는 이 일을 보고 수학적으로 계산할 수 있다면 얼마나 좋을까 하는 생각을 했답니다. 그럼 앞으로 이런 일이 있을 때마다 쉽게 해결할 수 있을 테니까요. 그래서 이런 공식이 나온 겁니다. 앞에서 예를 든 것을 공식적으로 설명하자면 이렇게 되겠죠.

사람 수(목사님 두 분)×100=200

사람 수(학생 50명)×2=100

그러면 목사님 쪽 쾌락의 양이 더 크죠? 그래서 다리를 교회 앞에 놓는 것으로 결정한다는 것입니다. 여기까지가 제가 연구한 쾌락 계산법입니다. 아저씨가 생각하신 것과 어떻게 다른지, 또 어떻게 같은지 궁금하네요.

-《벤담이 들려주는 최대 다수의 최대 행복 이야기》 중에서

생각 쓰기

case 2 다음 글을 살펴보고 만약 내가 공리주의자라면 어떤 선택을 할 것이고, 그 과정에서 공리가 어떻게 계산되었는가를 서술하시오.

㉮ 친구에게 선물을 하려고 한다. 내 친구는 액세서리를 무척 좋아하고 학용품은 좋아하지도 싫어하지도 않을 것이며, 싫어하는 것은 책이다. 공리주의자인 나는 친구에게 무엇을 선물해야 하는 것일까?

㉯ 친구의 병문안을 가기로 했다. 내가 병문안을 가지 않는다면 친구는 무척 서운해할 것이다. 이때 친구의 고통 양을 100이라 해 보자. 그런데 그 시간에 가족들과 영화를 보러 가기로 약속해 놓았었다. 만약 가족들과 영화를 보러 가지 않는다면 나머지 우리 가족 네 명은 모두 서운해할 것이다. 이때 가족들이 서운해하는 고통 양을 한 사람당 10이라고 해 보자. 공리주의자인 나는 친구의 병문안을 갈 것인가, 가족들과 영화를 보러 갈 것인가?

생각 쓰기

05강 공리주의의 한계

case 1 **다음 글을 읽고 주인공이 무엇을 고민하고 있는지 그리고, 주인공이 딜레마에 빠진 이유가 무엇인지에 대해 서술하시오.**

㉮ 유명한 작가이자 종교가인 페늘롱이 몸종인 나의 아버지와 함께 불타는 건물에 갇혀 있다. 그런데 두 명 모두를 구해 낼 시간적 여유가 없다. 그렇다면 누구를 구해야 할 것인가? 페늘롱이 쓴 책은 수많은 사람들에게 지혜와 즐거움을 선사한다. 반면 나의 아버지는 페늘롱의 몸종이며 평범한 사람이다. 공리주의자 입장에서는 페늘롱을 구해야 한다고 할 것이다. 하지만 아버지가 평범한 사람이라고 해도 아버지는 '나의 아버지' 가 아닌가?

㉯ 선생님께서 나에게 교실 창문을 깨뜨린 사람이 누구인지, 그리고 일부러 깨뜨린 것인지를 물어보신다. 선생님은 내가 범인 중 한 사람이라고 생각하신다. 그래서 만약 같이 잘못을 저지른 아이들이 누군지 솔직하게 말한다면 나는 용서해 주신다고 하신다. 그러나 솔직하게 말하지 않는다면 내가 혼날 것이라고 말씀하신다. 그런데 창문을 깨뜨린 것은 나와 영수, 철호, 민호, 상수이다. 장난을 치다 실수로 창문을 깬 것이다. 누구 한 명이 범인이라고 말하기 어렵다. 모두 같이 잘못을 했으니까 말이다. 그

런데 영수, 철호, 민호, 상수는 제발 말하지 말아 달라는 눈초리로 나를 바라보고 있다. 나 하나만 혼나면 다른 친구들은 무사히 넘어갈 것이다. 하지만 내가 친구들이 범인이라고 솔직히 말한다면 친구들이 혼나게 될 것이다. 이럴 때 공리주의자 입장이라면 사실대로 말하지 않는 것이 더 많은 유용성을 낳는다고 할 것이다. 하지만 내가 꼭 희생해야 하는 것일까?

생각 쓰기

case 2 다음 글을 읽고 공리주의가 갖고 있는 어떤 문제점을 지적하고 있는지 설명해 보고 이에 대한 여러분의 생각을 비판적으로 서술하시오.

나랏일을 책임지는 중요한 자리의 인사권에도 여론이 영향을 미치고 있고, 새로운 상품을 개발하거나 심지어 방송 프로그램의 방향을 결정하는 것에도 여론이 미치는 영향은 크다. 이렇듯 다수의 의견을 반영하여 의사 결정을 하는 것이 정당화되는 이유는 공리주의 때문이다. 즉 '최대 다수의 최대 행복' 이라는 공리주의의 기본 원리에 따라 보다 많은 사람들에게 이익이 될 수 있도록 하는 것이 옳다는 생각이다.

하지만 '2+2=4' 라는 것이 다수의 의견으로 결정되는 것이 아닌 것처럼 어떤 문제는 다수의 의견으로 결정되는 것이 아닐 수 있다. 무엇이 진리이냐가 누가 많이 찬성하느냐의 문제와 같지 않다는 것이다. 뿐만 아니라 다수의 의견이 항상 옳은 것도 아니다. 여론은 공리주의의 성격을 띠고 있어서 각 개인의 신념에 위배되어도 여러 사람의 보편적인 의지에 따라야 한다. 그러나 다수가 형성한 의사라고 해서 항상 옳은 것은 아니며, 이는 중우성의 폐해로 드러날 수 있다.

많은 사람들에게 이익이 된다고 해서 소수의 이익이 묵살되어서는 안 된다. 공리주의자들 말대로 결국 더 많은 행복을 낳도록 해야 한다고 할 때, 묵살된 소수의 행복이 다수의 행복보다 더 클지, 그렇지 않을지는 함부로 결정할 수 없다. 뿐만 아니라 쾌락(행복)과 고통(불행)의 정도를 비교하는 것은 불가능한 일임에 틀림없다. 그러나 최대 다수의 최대 행복을 강조하는 공리주의는 소수의 권리, 개인의 권리를 무시할 수 있는 위험을 안고 있으며, 결과를 강조함으로써 행위자의 의도와 의도 없음을 구분할 수 없다는 문제점이다. 이런 점에서 공리주의는 한계를 안고 있다.

생각 쓰기

주요 개념 및 배경 지식

1 도덕적 딜레마

행위자가 행위 a와 b를 해야 하는데 a와 b는 동시에 성립될 수 없을 경우, 혹은 행위자가 행위 a를 해야 하는 도덕적 근거와 행위 a를 하지 말아야 할 도덕적 근거가 동등한 가치를 갖는 경우를 말한다. 이러한 도덕적 딜레마는 일상에서 자주 벌어지는 문제이다. 또한 도덕적 갈등 상황을 잘 해결하기 위해서는 보다 반성적이고 비판적인 사고 훈련이 필요하다.

2 페늘롱

페늘롱(1651~1715)은 프랑스의 종교가이자 소설가로 페리고르 지방의 오랜 몰락 귀족 출신이다. 24세 때 신앙생활에 들어갔고, 1689년부터 10년 동안 왕세손(王世孫)의 사부(師傅)로 있었다. 그의 대표작인 소설 《텔레마크의 모험》(1699)은 왕세손의 교육을 위해 쓴 것인데, 고전주의 문학의 걸작인 동시에 거기에 전개되는 루이 14세의 전제(專制)에 대한 비평과 유토피아적인 이상 사회의 기술 등은 계몽사상 형성에 많은 역할을 했다.

3 공리주의와 의사 결정

의사 결정(decision-making)이란 원래 기업의 소유자 또는 경영자가 기업 및 경영상태 전반에 대한 방향을 결정하는 일을 뜻하는 것으로 여러 대안적인 행위들 가운데 특정 행위를 결정하는 것을 말한다. 공리주의는 '최대 다수의 최대 행복'을 말하고 있다. 따라서 윤리적 측면에서 다수가 만족할 수 있는 사안을 채택하는 것이 윤리적으로도 정당하다는 공리주의에 따라 의사 결정을 내릴 수 있다.

아비투어
철학 논술

예시 답안

주 제 탐 구 01강 법(法)과 최대 다수의 최대 행복

case 1 벤담은 법은 공공의 이익을 위해서 만들어져야 한다고 주장한다. 법은 도덕을 기초로 해서 만들어진다. 도덕은 사람들 사이의 관계를 기초로 성립된다. 사람들이 어떤 행위를 하고 안 하고는 타인들에게 어떤 식으로든 영향을 미치게 마련이다. 인간은 사회적인 동물이기 때문이다. 그렇다면 사람들이 어떤 행위를 하고 안 하고를 결정하는 기준이 바로 도덕이라고 할 수 있다. 그 기준을 무엇으로 잡을 것인가, 이를 어떻게 정당화할 것인가에 따라 각각의 도덕 이론이 성립되게 된다. 벤담은 개인의 행위를 결정짓는 기준은 그 행위가 낳는 쾌락과 고통이고, 여기서 쾌락과 고통은 단순히 그 행위자 자신에게 미치는 결과로서가 아니라 최대 다수, 즉 우리의 쾌락과 고통이란 결과여야 한다고 주장하고 있다. 따라서 이러한 도덕을 기초로 한 법 역시 최대 다수의 최대 행복, 즉 공공의 행복을 위해 만들어져야 한다고 말할 수 있다. 나와 타인을 동일하게 고려함으로써 내가 속한 사회의 이익, 즉 공공의 이익을 위해 살아야 한다는 것은 결국 각각의 의무를 다하는 삶을 살아야 한다는 것을 의미한다.

주 제 탐 구 02강 공리주의의 기본 원리

case 1 공리주의는 개인의 행위가 개인의 이익과 타인의 이익을 동등하게 고려하면서 한 행위 자체가 옳고, 그르기 때문에서가 아니라 그 행위의 결과가 쾌락을 낳느냐, 고통을 낳느냐에 따라 결정되어야 한다고 주장한다. 특히 벤담은 쾌락은 행복이요, 고통은 불행이라고 보면서 도덕적으로 옳은 행위는 오직 그 행위가 쾌락을 낳거나 고통을 막는 행위일 때 그러하다고 주장한다. 또한 그 행위는 개인의 쾌락과 고통이 기준이 아닌 우리의 쾌락과 고통이어야 한다. 결국 어떤 행위의 궁극 목적은 최대 다수의 최대 행복이라고 할 수 있다.

case 2 제시 문항 ㉮와 ㉯는 공리주의자들의 기본 원리가 무엇인지를 제대로 파악하고 있는가를 알기 위한 것이다. ㉮는 공리주의가 결과주의, 즉 동기보다 결과를 중요시한다는 것을 분명히 하기 위한 의도를 담고 있는 문항이다. 공리주의자 입장이라면 ㉮의 답은 (1)—(3)—(2)—(4)의 순서일 것이다. 즉 공리주의자들은 동기 자체를 부정하기보다 동기와 결과 중 어느 한 가지를 선택하라고 하였을 때 동기보다 결과를 선택하는 입장이라고 할 수 있다. 그러나 공리주의자들이 결과만을 중요시한다고 볼 수는 없다. 다만 동기와 결과 중 결과를 우선시하는 것이지 동기의 중요성을 간과하고 있지는 않다. 반면 칸트와 같은 의무론자 입장에서는 (1)—(2)—(3)—(4)의 순서로 평가할 것이다.

㉯는 공리주의가 보편주의임을 강조하기 위한 문항이다. ㉯에서 (1)은 이기주의의 기본 입장이고 ㉯는 이타주의의 기본 입장이라고 할 수 있다. 공리주의는 (3)에 해당하는 입장으로 나를 포함한 모든 존재의 고통과 쾌락을 동등하게 고려하고 있다는 점에서 공리주의를 보편주의라고 할 수 있는 것이다. 이와 같은 보편적인 적용은 공리주의 윤리설을 포함한 모든 윤리의 기본 전제이다.

case 1 벤담은 쾌락의 양이 중요한 것이지 쾌락의 종류를 나누거나 등급을 매기는 것은 무의미하다고 말한다. 반면 공리주의 철학자 밀은 본래적 가치의 진정한 척도는 단지 쾌락의 양뿐만 아니라 쾌락의 질도 포함한다는 것을 주장한다. 쾌락의 양은 어떤 사람이 어떤 것으로부터 얼마나 많은 만족 또는 즐거움을 얻느냐의 문제이고, 쾌락의 질은 그 얻어지는 만족 또는 즐거움의 종류와 관계가 있다. 밀은 비록 두 쾌락이 양적으로는 똑같다고 하더라도 한 쾌락이 다른 쾌락보다 더 큰 본래적 가치를 가질 수 있다고 주장한다. 이는 하나가 다른 하나보다 더 높은 질을 가지고 있을 경우이다. 만약 진정 양과 질 사이에 갈등이 있고 또 양적으로 더 큰 쾌락이 질적으로는 더 낮거나 또는 양적으로 더 적은 쾌락이 질적으로 더 높을 경우, 밀에 의하면 본래적 가치의 근거로서 질이 양보다 더 큰 비중을 갖는다. 이렇게 밀은 질적 공리주의를 주장하면서 양적인 공리주의와 쾌락 측정 방법을 포기하고 인간으로서 가질 수 있는 질적인 쾌락을 고려하였다. 대다수의 사람들은 단순히 자신의 물질적인 이익만을 추구하는 존재가 아니라 수재민들과 주변에 많은 어려운 사람들을 배려할 수 있는 사회성을 가진 존재라는 것이다. 사회성을 가지게 된다는 것은 사회에서의 평등이나 정의라는 가치를 양양할 수 있는 존엄한 존재가 되는 것이다. 이러한 사회성이라는 개념을 도입함으로써 밀은 평등, 자유, 인권, 정의와 같은 가치를 우선시하는 공리주의를 주장한 것이다. 즉 물질적인 이익만을 고려하는 양적 공리주의를 벗어나 인간으로서의 가치를 존중하는 질적 공리주의를 주장한 것이다.

case 2 두 입장 모두 공리주의이다. 즉 두 입장 모두 어느 것이 더 큰 유용성을 산출할 것인가에 따라 그 행위를 할 것인지, 하지 말 것인지를 결정하고 있다. 그런데 교수 1과 교수 2의 결정이 다르다. 이는 무엇 때문인가? 자세히 살펴보면 교수 1은 자신의 행위 자체가 직접적으로 낳는 결과에 주목한다. 철수에게 점수를 더 줄 경우 양심의 가책은 조금 받겠지만 큰 고통은 없고, 반면 철수에게 점수를 더 주지 않을 경우 철수와 그의 가족들은 큰 고통을 겪게 되는 것이 분명하다. 이에 따라 철수의 요구를 거절하는 것보다 철수의 요구를 들어주는 것이 더 많은 유용성을 낳는다고 생각한 것이다. 반면 교수 2는 점수를 더 주고 말고의 행위가 의존하는 규칙이 무엇인지 살펴본다. 즉 일반적으로 학생들의 요구에 따라 점수를 매기는 것과 성적에 따라 점수를 매기는 것 중에 어느 것이 더 많은 유용성을 산출하는지를 살펴본 것이다. 그리고 그 규칙이 일반적으로 적용되었을 때 낳는 유용성에 따라 그 행위를 할 것인지, 말 것인지를 결정하고 있다. 이런 점에서 전자는 '행위 공리주의'로 후자는 '규칙 공리주의'로 규정될 수 있다. 행위 공리주의는 '어떤 행위의 도덕성을 그 행위 자체가 최대의 유용성 또는 적어도 다른 행위보다 많은 유용성을 산출하는지 여부에 의해 판단한다.' 규칙 공리주의는 '어떤 행위의 도덕성을 그 행위에 전제된 도덕 규칙이 일반적으로 도출된다면, 그 규칙이 최대의 유용성 또는 적어도 다른 규칙보다 많은 유용성을 산출하는지의 여부에 따라 판단한다.'

case 1 벤담은 '사람 수 × 유용성 = 쾌락의 양' 이라는 쾌락 계산법을 이야기하면서 쾌락과 고통의 양을 비교하는 일곱 가지 기준을 함께 제시하고 있다. 1. 쾌락이 얼마나 강한가? 2. 쾌락이 얼마나 오래가는가? 3. 쾌락이 얼마나 확실한가? 불확실한가? 4. 쾌락이 얼마나 가까운 곳에 있는가? 먼 곳에 있는가? 5. 쾌락은 또 다른 쾌락을 낳는가? 6. 고통이 전혀 없는 쾌락이 있는가? 7. 쾌락이 얼마나 많은 사람에게 영향을 미치는가? 이러한 기준에 따라 쾌락과 고통의 양을 비교해야 한다는 것이다.

case 2 공리주의자인 '나' 는 ㉮에서 친구에게 선물했을 때 예상되는 쾌락과 고통의 양을 비교할 수 있다. 공리주의자인 '나' 는 얼마만큼 확실하게 쾌락을 안겨 주느냐 하는 확실도에 따라 액세서리를 선물해야 할 것이다. 보다 확실하게 예상되는 쾌락을 낳는 행위를 선택하는 것이 도덕적으로 올바른 행위라고 공리주의자들은 말하고 있다. ㉯에서 공리주의자인 '나' 는 쾌락의 양을 계산해야 한다. 아픈 친구는 한 사람이지만 그가 느낄 고통의 양은 100이므로 고통의 총량은 100이며, 영화를 보러 가기로 한 가족들과 약속을 지키지 않을 때 가족 수는 네 명이지만 고통 양은 각기 10이기에 총량은 40이다. 공리주의는 어떤 행위가 더 많은 쾌락을 산출하거나 고통을 줄이는 행위라면 그 행위를 하는 것이 도덕적으로 올바른 행위라고 말하고 있다. 따라서 여기서 '나' 는 고통 양 100을 줄이는 선택을 해야 할 것이다.

case 1 ㉮와 ㉯에서 주인공 '나'는 각기 어떤 행위를 선택해야 하는 것인가 하는 딜레마에 빠져 있다. 공리주의자라면 ㉮에서는 페늘롱을 구해야 한다는 답변을 할 것이고, ㉯에서는 사실대로 말하지 말라고 할 것이다. ㉮의 상황에서 공리주의는 공평한 이성이라는 확고한 토대 위에 아버지에 대해 내가 느끼는 애정을 일종의 '편견'으로 간주한다. 왜냐하면 공리주의에서는 '나의' 라는 것은 도덕적 고려 대상이 아니기 때문이다. 나와 타인의 이익이 동등하게 고려되어야 하는 것이지 내 이익이 타인의 이익보다 더 우선시되어서는 안 된다. 그러나 아버지에 대해 느끼는 애정을 단순히 '편견'으로 간주할 수 있을까? 이는 너무나 추상적이며 인간 삶의 구체적 현실에서 이탈한 것이라고 할 수 있다. 이런 점에서 공리주의는 때로 상식적인 직관과 어긋난다는 문제가 있다. ㉯에서는 최대 다수의 최대 행복을 강조함으로써 개인의 권리가 무시될 수 있다는 문제를 보여 주고 있다. 많은 사람을 구하기 위해 산 사람의 오장육부를 다 내어 주는 것이 좋은 것일까? 혹은 많은 사람들의 쾌락을 위해 한 사람이 희생되는 것이 정당한 것인가 하는 문제이다.

case 2 제시된 글에서 글쓴이는 공리주의의 문제점을 여론을 통한 의사 결정이라는 소재를 통해 탐구하고 있다. 여론은 결국 다수의 의견을 반영하는 것이고 여론에서 다수의 의견에 따라 의사 결정을 하는 것이 왜 정당화되는가에 대해서는 공리주의적 원리가 개입되고 있기 때문이다. 그러나 공리주의가 그대로 적용되기 위해서는 먼저 행복의 내용이 원칙적으로 사람마다 같아야 할 것이며 쾌락을 양화시킬 수 있어야 할 것이다. 그러나 사람마다, 때와 장소에 따라 행복의 내용이 달라지는 것은 분명하고 쾌락의 양과 고통의 양을 측정하는 것이 과연 가능한가라는 의심을 제기할 수 있다. 또한 다수의 이익을 위해 개인의 권리를 침해할 수 있다는 문제점도 지적할 수 있다. 나아가 공리주의는 결과를 강조함으로써 행위와 무위를 구분할 수 없는 문제를 안고 있다. 가령 적극적인 살인과 죽도록 내버려 두는 것은 둘 다 타인의 죽음이라는 동일한 결과를 낳는다. 이에 대해 공리주의는 결과가 같기에 근본적으로는 두 행위의 차이가 없다고 주장하고 마는데, 이는 우리의 상식에 상당히 어긋나는 것이라 할 수 있다.

Abitur

철학자가 들려주는 철학이야기 013

왕수인이 들려주는 양지 이야기

저자_김광식

서울대학교 철학과에서 학사 · 석사 과정을 마치고 독일 베를린 자유대학교 철학과에서 박사 과정을 마쳤다. 저서로는 《사회철학대계 4: 기술시대와 사회철학》(공저)이 있고, 역서로는 《흄—나는 존재하지 않는다》, 《마르크스 정치경제학의 변증법적 방법 I, II》(공역), 《철학대사전》(공역) 등이 있으며, 논문으로는 〈본질과 현상의 범주를 통해 본 인식들 사이의 모순의 문제〉, 〈사이버네틱스와 철학〉 등이 있다. 서양철학과 동양철학을 비교하는 데 많은 관심을 가지고 있다.

주 제 탐 구

1강 왕수인의 사상이 아직도 타당한가?
2강 유교는 학문인가, 종교인가?
3강 양명학은 진리인가?
4강 양명학의 방법론

내 마음속에 있는
깨알보다 작은 "양지"
내 마음을
더 키우라고?
그래
양지는 내 착한 마음
'양심'
이었어
양지

01강 왕수인의 사상이 아직도 타당한가?

case 1 아래의 제시문들을 읽고 왕수인의 사상이 오늘날에도 타당한지 환경 문제와 관련하여 자신의 생각을 논술하시오.

가 유학이란 공자라는 사람이 중국 고대의 문화를 총 정리하여 후세에 전해 준 학문으로 맹자, 순자 등이 공자의 유학을 이어받았습니다. 그리고 송나라 때 와서 새로운 유학을 완성한 사람이 주자라고 불리는 주희였습니다. 왕수인은 주자학의 공부 방법이 잘못됐다고 보았기 때문에 주자학을 받아들이지 않고 새로 양명학을 만들게 된 것입니다. 주자는 온갖 사물에 태극이란 진리가 있다고 하여 사물의 본성을 연구하여 진리를 찾으려는 주자학의 방법을 비판했습니다. 그는 대신 진리를 인간의 마음속에서 찾았습니다. 자신의 마음만 잘 깨달으면 진리를 발견할 수 있으며, 그 진리를 몸소 실천하면 성인이 될 수 있다고 생각했습니다.

– 《왕수인이 들려주는 양지 이야기》 중에서

나 중세에는 모든 것의 중심은 신이었지. 모든 것을 판단하거나 결정하는 유일한 근거는 기독교의 신인 하나님의 말씀이었어. 신은 혼란스럽고 고통스러운 사회의 메시아였지. '이웃을 네 몸과 같이 사랑하라' 고 한 메시아 예수님의 말씀은 중세 사회를 이끄는 등불의 역할을 했어. 하지만 신을 섬기는 자들은 신의 이름으로 얻은 권세로 면죄부까지 발행하였지. 신의 권위가 땅에 떨어졌어. 인간은 타락한 신에 대항하여 반란을 일으켰지. 인간이 신의 자리를 차지했어. 모든 것의 중심은 이제 인간이 되었지. 인간의 이성이 모든 것을 판단하거나 결정하는 유일한 근거가 되었어. 인간의 이성이 근대사회의 새로운 메시아로 되었지. 신의 이름으로 행세하던 사제들과 군주들을 몰아내고 이성의 이름으로 신에게 맡겼던 인간의 권리(인권)를 되찾았어. 인권을 바탕으로 자유와 평등을 보장하는 시민사회를 건설했지. 이성의 힘으로 자연을 정복하고 거대한 과학 문명을 이룩했어. 결국 거대한 자연은 인간에게 무릎을 꿇었지. 하지만 거대한 인간 또한 자연 앞에 무릎을 꿇을 수밖에 없었어. 현대사회는 새로운 메시아를 찾게 되었지.

－《아비투어 철학 논술 － 이이(고급)》 중에서

다 '경쟁' 이라는 말은 어원적으로 '함께 추구한다' 는 뜻을 내포한다. 경쟁의 논리가 기술의 진보와 생산성 향상에 크게 기여했음은 부인할 수 없다. 인간의 욕구 수준을 계속 높여 감으로써 새로운 진보와 창조를 가능케 한 것이다. 정치적인 측면에서도 경쟁 심리는 민주주의 발전의 핵심적인 동인(動因)이었다. 정치적 의지를 관철시키려는 이익집단 또는 정당 간의 치열한 경쟁을 통해 민주주의가 뿌리내릴 수 있었다. 그러나 오늘날 경쟁은 어원적 의미와는 달리 변질되어 통용된다. 경쟁은 더 이상 목적을 달성하기 위한 수단들 가운데 하나가 아니다. 경쟁은 그 자체가 하나의 범세계적인 지배 이데올로기로 자리 잡았다.

경쟁 논리가 지배하는 사회에서는 승리자와 패배자가 확연히 구분된다. 물론 아무렇게나 경쟁하는 것은 아니다. '게임의 법칙' 이 공정했을 때 패자도 승부의 결과를 받아들이게 된다. 그렇지만 경쟁 사회에서는 '협상' 을 통해 갈등을 해소하거나 타협점을 찾을 여지가 없다. 경쟁에서 상대방을 이기면 된다는 간단한 논리만이 존재할 뿐이다. 경제적인 측면에서 살펴보면, 경쟁이란 곧 상대의 이익을 빼앗는 과정이다.

– 리스본 그룹, 《경쟁의 한계》 참고

– 관련 기출 문제: [2006] 서울대 정시 논술 고사 제시문 참고

생각 쓰기

주요 개념 및 배경 지식

근대의 환경 문제

현재 인류에게 당면한 과제로 가장 심각한 문제가 바로 지구 온난화이다. 지구는 태양으로부터 에너지를 받아 기온이 상승하였다가, 대기권 밖의 공간으로 에너지를 방출하면서 기온이 하강한다. 이는 일정한 규칙으로 유지되어 왔던 일이지만 최근 무분별한 환경 개발로 인해 그 규칙성이 깨지고 있다. 마침내는 지표의 온도가 비정상적으로 상승하여 생태계 전반에 악영향을 미치게 된 것이다.

인간은 지구에서 가장 뛰어난 존재라는 점을 의심 없이 믿어 왔다. 모든 것을 인간 중심으로 생각해 왔으며 자연환경마저 인간에게 유리하도록 개발해 왔다. 이러한 개발에 따른 부작용으로 우리는 서서히 우리 삶의 터전을 잃어 가고 있는 것이다.

데카르트가 인간의 이성의 능력을 높이는 방법으로 제시하고 있는 네 개의 규칙들 중 첫 번째 것이 바로 의심의 규칙이다. 의심하지 않고는 결코 이성의 능력을 높일 수도 진리에 다가설 수도 없다는 것을 데카르트는 명확히 하고 있다. 우리는 '과학의 발전' 혹은 '진보'라고 믿으며 아무 의심 없이 행해 왔던 자신의 행동들을 지금이라도 되짚어 보아야 한다.

02강 유교는 학문인가, 종교인가?

case 1 다음 두 제시문을 바탕으로 유교가 학문인지 종교인지 자신의 생각을 서술하시오.

㉮ "그래. 공자 사상의 핵심은 '인(仁, 어질다)' 인데 요즘말로 '사람다움' 을 뜻한다고 보면 된단다. 또 그 사람다움을 나타내는 형식이 '예(禮, 예의 바르다)' 라고 했어. 공자는 '예가 아니면 보지 말고 예가 아니면 듣지 말라' 고까지 말했단다. 네 말대로 '사람답다' 라는 말은 곧 도덕적인 사람을 뜻하지. 따라서 공자의 유학은 도덕적인 인간이 되는 것을 중시한단다. 도덕적인 인간이란 가령 임금은 임금답고 신하는 신하답고 아버지는 아버지답고 자식은 자식다운 것이다."

"알겠어요. 그런데 왜 공자의 유학에 다른 갈래가 생겼나요? 양명학 같은……."

"후세로 올수록 문화가 복잡해지니 공자를 바라보는 사람들의 관점에 변화가 생길 수밖에 없지. 그래서 유학에 여러 갈래가 생겼던 거다. 음, 예를 들면 옛날에는 연예인을 천한 직업이라고 생각했단다. 그런데 요즘에야 어디 그렇니? 오히려 선망의 대상이지. 또 연예인에도 많은 부류가 생기지 않았니. 개그맨, 가수, 영화배우, 연극배우 등등 말이다."

나는 또다시 알은체를 하고 싶어 입이 근질거렸다.

"공자의 사상을 이어받은 사람이 바로 맹자지요?"

"하하, 그렇단다. 맹자는 공자의 '인' 의 사상을 이어받고, 거기에 '의(義, 의롭다)' 라는 것을 첨가하였는데, 사람은 날 때부터 양심을 갖고 태어난다고 주장했지. 또한 백성이 곧 하늘이라는 '민심이 천심이다' 라는 사상과 백성의 뜻을 저버리는 임금은 쫓아낼 수 있다는 '혁명 사상' 도 주장했어. 주자나 왕수인도 이런 맹자의 사상을 잇고 있다고 볼 수 있단다."

"주자요? 주자는 누구예요?"

"하하, 요 녀석. 인터넷으로 딱 맹자까지만 공부를 했구나?"

앗, 오빠한테 들켰다. 준수랑 사귀기로 한 이후부터는 철학 공부를 게을리 했고 또 전학을 오게 되는 바람에 더 이상 철학 공부를 할 필요가 없다고 생각했기 때문이다.

"공자 이후에 유학은 한나라 때에 크게 쓰였다가 이후 중국 역사에서 점차 쇠퇴하여 불교나 도교에 그 자리를 물려주었단다. 그러다가 당나라 말기부터 송나라에 접어들면서 일부 지식인들이 다시 유학에 관심을 돌리기 시작했어. 이렇게 유학에 대한 새로운 학풍이 일기 시작한 후, 최종적으로 유학을 완성한 사람이 바로 주자라고 불리는 주희란다. 그 유학을 우리는 주자학 또는 성리학이라 부른단다."

"주자가 주장한 사상은 뭔데요?"

"좀 어려운데 들어 봐라. 주자는 공자가 맹자가 말한 '사람다움' 이라는 것이 우주와 자연의 본래 모습이라고 말했단다. 그리고 그것을 '태극' 이라고 불렀어. 사람만이 아니라 모든 사물에는 이 태극이라는 이치가 들어 있는데 성인, 즉 지혜와 덕이 뛰어난 사람은 이 태극을 잘 발휘할 수 있다고 본 것이란다."

"그럼 평범한 보통 사람들이 태극을 잘 발휘하려면 어떻게 해야 하나요?"

"사물의 이치를 공부하여 그 속에 들어 있는 태극을 밝혀내면 마음이 밝아져서 성인이 될 수 있지. 그럼 태극을 잘 발휘할 수 있을 게다."

나는 고개를 끄덕였다. 주자의 사상은 공자, 맹자의 사상을 더욱 발전시킨 거라 그런지 좀 어렵다.

－《왕수인이 들려주는 양지 이야기》 중에서

㉯ 종교는 인류의 정신문화의 대표적 양식으로 경험이나 시간을 초월한 어떠한 절대적 원리에 근거하여 인간의 힘으로 해결이 불가능하거나 예측할 수 없는 불안한 미래에 관해 어떠한 의미를 부여하고 나름의 방식으로 해석하여 받아들인다. 인간은 종교를 통해 무한(無限), 절대(絶對)의 초인간적 존재를 숭배하고 신앙하여 선악을 구분하고 행복을 추구한다.

㉰ 과학은 자연 상태에서 일정한 규칙이나 일반적 진리와 법칙의 발견을 추구하는 체계적 지식을 말한다. 과학은 종교, 예술, 철학과 상충되는 개념으로 주로 설명되기도 하며, 합리적이고 논리적인 의미로 해석된다.

과학은 인간이 살아남기 위해서 터득해야 하는 자연계에서의 반복적인 법칙에 대한 이해를 뜻하기도 하지만, 현상 자체에만 주력하지 않는다. 그 현상이 일어나는 근본적인 이유와 그 지식으로 미루어 터득할 수 있는 연관 분야의 응용까지의 모든 과정을 과학이라고 한다.

좁은 의미로는 자연과학을 말하며, 넓게는 어떤 분야를 체계적으로 익히는 과정을 뜻하는 학문의 의미도 포함하고 있다.

생각 쓰기

Note& guide 주요 개념 및 배경 지식

1 종교

종교의 역사는 인류의 역사만큼 오래되었다. 현대에 이르기까지 모든 문화, 모든 민족에게서 보이는 공통된 문화 현상이다. 종교는 정치 · 경제 · 사상 · 예술 · 과학 등 사회의 전 영역에 깊이 관련되어 있는, 절대적이며 궁극적인 가치 체계로서의 기능을 담당해 왔다.

그러나 종교는 절대성 · 궁극성이라는 자기주장에도 불구하고 역사의 발전 단계를 반영하고 있는 구체적인 문화 현상이다.

종교의 기본 요소는 신 · 부처 · 영 · 법 · 원리 · 도 등으로 불리는 초월적 · 절대적 존재에 대한 체험이다. 종교는 이러한 종교적 경험을 핵으로 하여 그러한 경험을 공유하고 또한 공유하고자 하는 일정한 공동체(종교 집단)를 형성한다.

그리고 그러한 경험에 도달하기 위한, 혹은 그런 절대 경험을 서술하기 위한 교리적 · 이론적 체계를 갖는다. 뿐만 아니라 기도, 예배, 수양 등 궁극적 실재와 만나거나 합일(合一)하기 위한 실천 체계를 갖는다.

여기서 종교는 인간이나 자연의 힘을 초월하는 존재에 대한 경험에 기반을 둔 교의 · 의례 · 시설 · 조직을 갖춘 사회 집단이라고 정의할 수 있다.

현상으로서의 종교는 역사의 발전 단계나 민족적 · 문화적 전통의 차이에 따라

현저한 다양성을 보여 주고 있다. 따라서 개인의 관점과 대상에 따라 종교에 대한 엄청난 수의 정의가 이루어 질 수 있다.

2 유교

유교의 종교적 측면은 경천사상에서 볼 수 있다. 경천사상은 우주와 인간을 주재하는 초인간적 · 초자연적 절대 신에 대한 숭경(崇敬)의 자취를 담고 있다. 상제는 인간을 감찰하고 화복을 내려 주는 무한한 권위를 지닌 절대 타자로서 인식되었다.

상고에는 '상제' 와 '천' 에 대한 신앙이 비슷했지만, 주대로 내려오면서 천의 의미가 변화하였다. '천(天)' 이라는 글자 속에는 이미 '대(大)' 라는 사람의 뜻이 내포되어 있어 초월적 권위가 인간에게 내재됨으로써 인간과의 관련성이 커지기 시작하였다. 초월적 주재자의 외적 권위를 직접적으로 일컫기보다는 인간의 책무와 도리를 중시해 덕(德)의 개념이 출현하였다.

그러나 이러한 '상제' 나 '천' 에 대한 인식의 근본적 전환은 공자에 이르러서였다. 공자는 '천' 의 권위를 손상시키지 않으면서 신성성과 구극성을 인간에게 내재화했다.

03강 양명학은 진리인가?

case 1 아래의 제시문들을 읽고 제시문 ㉮에서 말하는 '진리'라는 언어를 제시문 ㉯와 제시문 ㉰의 관점에서 평가하시오.

㉮ "왕수인은 나의 마음 밖에 있는 사물에서 진리를 찾는 것을 잘못되었다고 하였단다. 즉 '내 마음이 곧 진리'라고 말하였지. 내가 수인이에게는 전에 말해 주었을 거다. 왕수인이 모든 사물에는 진리가 있다는 말을 듣고 대나무 밭에서 대나무를 꺾어다가 그 속에 들어 있는 진리를 찾으려고 노력했는데 결국 포기했다고 하였지."

"네!"

"그런 실패를 딛고 나서야 왕수인은 진리란 오직 자신의 마음속에만 있다는 것을 깨달은 것이란다. 너희들이 진리란 사람 마음속의 착한 마음을 뜻하는 것 같다는 결론에 도달했다면 이런 고민도 했었겠구나. '대체 어떻게 사람의 마음이 진리가 된다는 것일까?'라고 말이지."

"마…… 맞아요! 아까 그런 고민을 했었어요."

감자는 깜짝 놀라며 대답했다.

"하하. 물론 사람의 마음에는 착한 마음만 있는 것이 아니지. 남을 미워하거나 남의 물건을 탐내는 나쁜 마음도 있단다. 그렇지만 그런 나쁜 마음은 사람의 본래 마음이 아니란다. 왕수인은 사람의 본래 마음이 착하다고 보는 맹자의 학설을 따랐기 때문에 사람의 본심을 착하다고 보았어. 사실 양지라는 말도 맹자가 처음 한 말이야. 맹자는 배우거나 생각하지 않아도 양지를 알 수 있다고 보았단다. 그 증거로 아무것도 배우지 않은 어린아이도 그 부모님을 사랑할 줄 알지. 또 어린아이가 위험한 자동차가 다니는 차도에 엉금엉금 기어 내려간다면 누구나 아이가 차도에 가지 못하게 붙들 거야. 바로 사람이 본래 착하다는 증거지."

-《왕수인이 들려주는 양지 이야기》 중에서

나 비트겐슈타인은 세상은 사실들로 이루어져 있고, 언어는 그 사실을 표현하는 것이라고 생각했습니다. 사실이란 사물들이 서로 관계를 맺고 있는 것으로 세상은 이러한 사실들로 이루어져 있고 이러한 사실들을 언어로 표현하면 그것이 바로 세상이 된다는 것이지요. 예를 들면, '한 마리 고양이가 있다' 는 언어의 표현은 '고양이 한 마리' 와 '있다' 는 뜻이 서로 관계를 맺어 하나의 사실을 말해 주지요.

조금 더 복잡한 명제를 예로 들면, '세 마리 고양이가 회색 지붕 위에서 서로 놀고 있다' 는 말은 '고양이 세 마리' , '회색' , '지붕' , '위' 그리고 '논다' 는 것들이 서로 관계를 맺고 있다는 사실을 말해 줍니다. 이런 방식으로 언어 세계를 설명할 수 있다고 생각한 비트겐슈타인은 언어를 정확히 사용하면 그에 해당하는 세계를 설명할 수 있다고 보았습니다. 그의 말에 따르면, 언어를 통해서 세계를 설명할 수 있다는 거지요. 결국 우리가 아는 언어는 우리가 알 수 있는 세계를 보여 주는 것이 된다는 것입니다.

우리가 언어를 통해서 알 수 없는 세계는 보여 줄 수 없는 세계가 되는 것이지요. 언어가 가지는 한계는 곧 세계가 갖는 한계가 되기도 합니다. 언어의 기능은 보여 줄 수 있는 세계를 정확히 보여 주는 것이지요. 이것을 언어의 '그림 이론'이라 합니다.

-《비트겐슈타인이 들려주는 언어 이야기》 중에서

다 비트겐슈타인은 분명한 언어로 세계를 정확하게 그리면 된다고 생각했는데 그것만으로는 2%가 부족하다면서 고민하게 됩니다. 언어는 세계를 정확히 설명하면 된다고 생각하면서도 언어가 실제로 사용되고 있는 생활은 전혀 생각하지 않았다는 것을 깨닫게 된 것이지요. 다시 말하면, 우리는 언어를 생활 속에서 사용하고 있기 때문에 언어의 뜻은 우리가 사는 생활 방식과 밀접한 관계를 가질 수밖에 없다는 것이지요. 그리고 이 관계들은 불분명해서 심지어는 혼란에 빠진 경우도 있으니까요. 그래서 세계를 설명하는 언어를 분명히 알기 위해서는 그 언어를 사용하는 사람의 생활 습관과 행동을 함께 연구해야 된다고 생각하게 됩니다. 그렇게 해서 비트겐슈타인은 불분명하게 생각되었던 옛 생각으로부터 벗어날 수 있는 길을 찾게 되지요. 이에 대해서 그는 언어라는 안개 속에 갇혀 있었다고 말합니다. 이 언어의 안개 속에서 벗어나기 위해서 언어의 수수께끼를 풀려고 합니다.

그래서 비트겐슈타인은 세계의 구조와 언어의 구조가 서로 일치한다는 처음의 생각을 버리게 됩니다. 여기서 그는 언어가 한 가지 뜻만 갖는 것이 아니라 다양한 의미를 갖게 된다는 것을 밝히고(언어 의미의 다양성) 세계를 정확히 알기 위해서는 그 언어가 어떤 의미로 사용되었는가를 아는 것이라고 말하게 됩니다. 쉽게 말하면, 언어는 안개로 둘러싸여 있기 때문에 그 안개를 벗기는 것이 바로 철학이라고 생각하게 되었지요. 이를 위해서는 언어가 어떻게 사용되고 있는가를 연구해야 한다는 이론을 말하게 되지요. 이것을 '언어의 사용 이론' 이라 합니다.

비트겐슈타인은 우리가 살고 있는 세계 안에서 언어가 잘못 사용됨으로써 많은 문제가 생긴다고 생각했습니다. 사람들이 서로 옳다고 다투는 경우를 보면 언어를 서로 잘못 사용하고 이해한 데서 오는 경우가 많습니다. 그래서 철학의 수수께끼도 문법을 잘못 사용하거나 사용하는 언어를 잘못 이해한 결과라고 생각하게 되지요. 그래서 이제 철학이 해야 할 중요한 일은 새로운 어떤 사실을 찾아내는 것이 아니라 그저 언어를 잘못 사용함으로써 '더러워진 방을 깨끗이 정돈하는 일' , 즉 잘못 사용된 언어를 바르게 사용하도록 하는 사소한 일을 발견하는 것이라고 말했어요.

결론적으로 말하면, 비트겐슈타인의 철학은 사람들의 생각을 분명하고 확실하게 하는 방법을 찾는 일이 되었지요. 그에 의해서 철학은 사람들의 생각을 분명하게 하는 활동으로 이해된 것이에요. 생각을 분명하게 하기 위해서 비트겐슈타인은 '언어 게임' 이라는 기술을 발명하게 됩니다.

– 《비트겐슈타인이 들려주는 언어 이야기》 중에서

생각 쓰기

case 2 아래의 제시문들을 읽고 진리의 유형을 분류하고 공통점과 차이점을 찾아 비교하시오.

㉮ 1910년 마케도니아 스코페에서 태어난 아그네스 곤자 보야지우는 1928년 아일랜드에 있는 로레토 수녀원으로 들어간다. 이후 테레사라는 세례명으로 불린다. 열여덟 살에 인도로 건너가 인도 국적을 취득하고 평생 캘커타의 빈민가에 살면서 센트 메리 고등학교에서 학생을 가르쳤다.

'사랑의 선교회' 를 설립해 평생 가난하고 집 없이 죽어 가는 사람들을 위해 헌신했다. 1979년 노벨 평화상을 수상했고 이후 '마더 테레사' 로 불린다.

1997년 9월 5일 87세의 나이로 타계하자 전 세계에서 추모의 움직임이 일어났다. 지금도 '이웃을 내 몸과 같이 사랑하라' 라는 예수의 말씀이 진리임을 증명한 이로 전 세계인의 존경을 받고 있다.

㉯ 크리스마스이브. 스크루지 마레 상회에 자선 사업가들이 나타난다. 자선 사업가들은 부자인 스크루지 영감에게 가난하고 헐벗은 이웃에게 약간의 기부를 해 줄 것을 부탁하지만 스크루지는 냉정하게 거절한다. 그 후 기다리는 이도 전혀 없는 자신의 집으로 귀가한다. 그날 밤 스크루지는 잠자리에 들었는데 어디선가 음산한 쇠사슬 끄는 소리가 들려온다. 그 소리는 점점 가까워 오고, 스크루지는 자신의 동업자였던 마레의 유령을 만나게 된다. 유령은 스크루지에게 과거, 현재, 미래를 보여 준다. 사랑하

는 여자와 돈 중에서 돈을 택하는 스크루지의 모습, 그리고 현재 스크루지가 가난한 여자와 결혼했다고 해서 외면하고 있는 조카의 모습, 죽은 후 아무도 찾아오지 않는 스크루지의 초라한 무덤까지.

잠에서 깨어난 스크루지는 '부자가 천국에 들어가는 것은 낙타가 바늘구멍을 통과하는 것보다 어렵다' 는 것이 진리임을 깨달았다.

다 $\angle C=90^\circ$인 직각삼각형 ABC에서

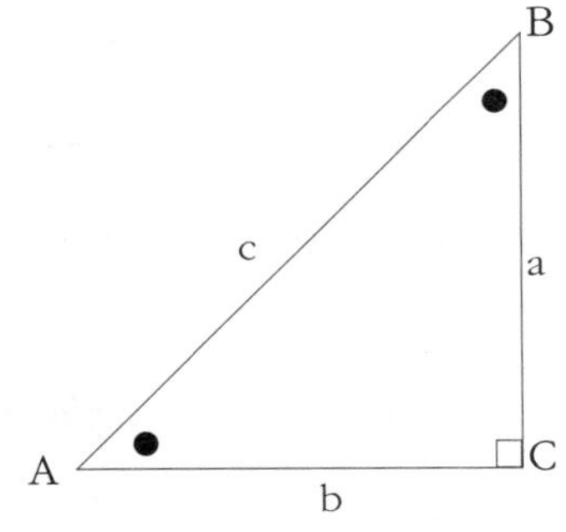

$\sin A=\dfrac{a}{c}$ 이므로 $a=c\sin A$, $c=\dfrac{a}{\sin A}$

$\cos A=\dfrac{b}{c}$ 이므로 $b=c\sin A$, $c=\dfrac{b}{\cos A}$

$\tan A=\dfrac{a}{b}$ 이므로 $a=b\tan A$, $b=\dfrac{a}{\tan A}$

라 모든 사람은 죽는다.

홍길동은 사람이다.

그러므로 홍길동은 죽는다.

위의 삼단 논법은 참이다.

마 왕관을 순금으로 만들었는지 다른 물질을 섞어서 만들었는지 어떻게 가려낼 수 있을까? 아르키메데스는 같은 크기의 그릇 두 개에 같은 양의 물을 넣고 한쪽은 그 왕관을, 다른 쪽은 그 왕관과 같은 무게의 금덩어리를 넣었어. 흘러넘친 물의 양이 다르자 그는 다른 물질을 섞은 것이 분명하다고 말했지. 왜 그럴까? 아르키메데스의 원리 때문이지. 아르키메데스의 원리란 '물에 잠긴 물체는 위로 향하는 부력을 받으며, 그 때의 부력은 밖으로 흘러넘친 물의 무게와 똑같다'는 것이야. 더 자세히 설명해 볼까?

기체나 액체로 이루어진 유체(流體)에 물체가 완전히 잠기거나 혹은 일부분이 잠겨 정지하고 있으면 물체가 밀어낸 유체의 무게만큼 부력이 위쪽으로 작용해. 물체가 밀어낸 유체의 부피는 유체에 잠긴 부분의 부피와 같지. 밀려난 유체의 무게는 위로 작용하는 부력의 크기와 같아져. 즉 액체나 기체에서 물체가 떠오르지도 가라앉지도 않는다면 뜬 물체에 작용하는 부력은 뜬 물체의 무게와 크기는 같고 방향이 반대가 된단다.

예를 들어 처음 띄운 배는 배가 밀어낸 물의 무게가 배의 무게와 똑같아질 때까지 가라앉게 되지. 이 배에 짐을 실으면 배가 더 깊이 가라앉으면서 더 많은 물을 밀어내 부력의 크기가 배와 짐을 합한 무게와 같아지게 유지한단다.

물속에 나무를 놓거나 헬륨(He)을 채운 풍선을 공기 중에 풀어놓을 때처럼 물체의 무게가 밀려난 유체의 무게보다 가벼워지면 물체가 떠오르지. 물체의 무게가 밀어낸 유체의 무게보다 무거운 경우에는 물체가 가라앉게 되지만 물체는 밀어낸 유체의 무게만큼 가벼워져. 실제로 무게를 정확히 재려면 주변 공기의 부력 효과를 계산하여 그 무게만큼 빼 주어야 하지. 물체가 더 깊이 잠길수록 유체의 압력이 증가하기 때문에 부력이 생겨. 그러므로 잠긴 물체가 받는 압력은 깊이 잠긴 쪽으로 갈수록 커지며 부력은 늘 위쪽을 향하게 되어 중력의 반대 방향을 향한단다.

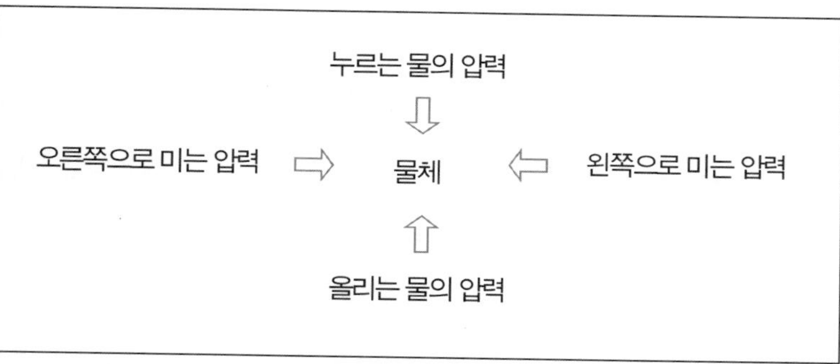

부력 = 올리는 압력 − 누르는 압력

– 《아르키메데스가 들려주는 부력 이야기》 참고

생각 쓰기

Note& guide

주요 개념 및 배경 지식

1 비트겐슈타인

1925~1950년 영국 철학계에서 가장 영향력 있는 철학자 중 한 사람이다. 논리학 이론과 언어철학에 관해 독창적이면서도 중요한 철학적 사유 체계를 제시했다.

러셀은 '비트겐슈타인은 내가 가르쳐야 할 모든 것을 금방 알아 버렸다' 고 했다. 비트겐슈타인을 알게 된 것이 자신의 삶에서 '가장 흥미로운 지적 모험 가운데 하나' 였을 뿐 아니라 '그는 아주 비상한 정열과 통찰력과 지적 순수성을 지닌 인물' 이라고 술회했다.

자신이 창안한 철학에 대해 비트겐슈타인이 어떤 태도를 가지고 있었는지는 규정하기 힘들다. 그는 《철학적 탐구》를 불완전한 것으로 여겼으며, 이를 완성하는 데 엄청난 정력과 집중력을 쏟았으나 결국 단념하고 말았다. 비트겐슈타인은 '이 시대의 빈곤과 어둠 속에서 이 책이 적어도 한두 사람에게는 빛을 비춰 줄 수 있어야 한다. 그러나 물론 그렇게 될 것 같지는 않다' 며 자기의 운명에 대해 비관하는 편이었다. 그는 자신의 사고가 당시의 과학적 · 수학적 시대정신에 낯선 것이라고 생각했다. 마치 자신이 다른 문화에 속하는 사람들을 위해 글을 쓰고 있는 것처럼 느꼈다. 의심할 나위 없이 비트겐슈타인은 철학을 좀 더 자각적인 것으로 만들었으며, 철학의 성질에 관한 새로운 이해 방식을 도입했다.

그의 견해에 따르면 철학 문제는 해결책을 찾는 것만이 우선이 아니다. 어떤 정리도 증명할 수 없으며 어떤 가설도 시험될 수 없다. 대신 철학 문제는 우리 자신의 사고의 혼돈이요, 뒤얽힘이다. '철학은 왜 그렇게 복잡한가?', '철학은 전적으로 단순해야만 한다', 즉 철학은 우리가 어리석게 얽어 놓은 우리 사고의 매듭들을 풀어 준다. 이 일을 하기 위해 철학은 이런 매듭들이 복잡한 만큼이나 복잡하게 움직여야 한다고 보았다. 비록 철학의 결과는 단순하지만 철학이 성공하려면 철학의 방법은 단순할 수 없다. 그는 '철학의 복잡성은 주제의 복잡성이 아닌 우리가 매듭지어 놓은 앎의 복잡성'이라며 올바른 종류의 철학적 사고가 낳는 결과는 진리를 발견하는 것이 아니라 혼돈을 해체하는 것이라고 주장한다. 비트겐슈타인은 모든 개념적 연구에서 인간의 매듭지어진 앎을 '풀어내는 말'(daserlösende Wort)에서 찾으려 했다.

2 부력의 원리

기원전 220년경 아르키메데스가 발견하였다고 해서 '아르키메데스의 원리'라고도 불린다. 실제 무게보다 물속에 있는 물체의 무게가 가볍게 느껴지는 이유에 대한 설명이기도 하다. 부력이란 유체(물, 공기와 같은 것을 말한다) 속에 다른 물체가 들어갔을 때 밀어내는 힘을 말한다. 그 크기는 유체 속에서 물체가 차지하는 부피에 해당하는 유체의 무게와 같다. 즉, 물속에 달걀이 들어 있다면 달걀이 차지한 만큼의 부피가 물이었다면 무게가 부력으로 작용한다.

04강 양명학의 방법론

case 1 아래 제시문들을 읽고 공통된 주제를 찾고, 주제와 제시문들 사이의 연관성을 설명하고, 주제에 대한 자신의 생각을 논술하시오.

㉮ 양명학은 유학의 한 형태다. 왕수인은 주자학의 공부 방법을 비판하고 새로운 유학을 세웠다. 주자는 사람뿐만 아니라 모든 사물에도 태극이란 진리가 있다고 했다. 따라서 사물의 본성을 깨달으면 인간의 본성도 깨닫게 될 것이라고 했다. 하지만 왕수인은 사물을 일일이 공부해서는 진리를 찾을 수 없다고 보았다. 그는 진리란 오직 사람의 마음에 있다고 보았다. 그러므로 자신의 마음을 잘 깨달으면 진리를 발견할 수 있고 그것을 실천하면 성인이 될 수 있다고 하였다.

– 《왕수인이 들려주는 양지 이야기》 중에서

㉯ 데카르트가 살던 시대는 참이라고 믿어 왔던 것들이 하루아침에 거짓이 되어 버리는, 그렇다고 해서 그 어떤 것이 참이라고 확실하게 자리매김도 되지 않는 상태였어요. 그 당시 사람들은 '도대체 뭐가 참이지?' 아니 '확실히 참이라고 이야기될 수 있는 것이 있기는 한 거야?'라는 물음을 가슴에 안고 살아갔을 겁니다. 이러한 물음에 적극적으로 반응을 보이면서 그 물음에 답하고자 했던 사람이 바로 근대 철학자들입

니다. 그들의 공통된 문제의식은 이렇게 표현될 수 있습니다.

인간은 과연 스스로의 힘으로 의심의 여지가 없는 확실한 지식을 확보할 수 있을까? 확보할 수 있다면 그 방법은 뭘까?

데카르트는 의심을 방법으로 사용하여 그 어떤 강력한 의심에도 동요하지 않는 그 누구도 의심할 수 없는 절대적 진리를 발견하게 됩니다.

'나는 생각한다, 고로 나는 존재한다.'

만약 내가 무엇인가를 생각하고 있다면, 그것이 무엇이든 적어도 생각하는 내가 없을 수 없다는 것만큼은 의심할 수 없다는 거죠. 이를테면 내가 무엇을 생각하든 생각하는 나는 분명히 존재한다는 겁니다.

코지토 에르고 숨. 이것이 바로 데카르트가 발견한 철학의 제1원리요, 기초입니다. 이것 때문에 그는 근대 철학의 아버지 혹은 시조라고 불린다 해도 지나친 말이 아닐 겁니다.

가장 근원적인 진리의 장소가 데카르트에 의해 옮겨지고 있다는 것을 느낄 수 있나요? 데카르트 이전까지 적어도 중세 천 년 이상 동안 가장 근원적인 진리의 장소는 신이었어요. 그 진리의 장소를 데카르트는 신에게서 인간에게로 옮겨 놓고 있는 겁니다. 진리의 중심축이 신에게서 인간에게로 옮겨지고 있는 하나의 사건이 바로 데카르트의 '나는 생각한다, 고로 나는 존재한다' 라고 할 수 있어요. 이제 더 이상 인간은 진리에 관한 한 신에게 의지하는 존재가 아니라 그 어떤 것에도 의존하지 않는 독립적 존재로서 자리 잡게 된 것입니다.

-《데카르트가 들려주는 의심 이야기》 중에서

다 부처가 말했다.

"'나'는 없다."

제자들이 물었다.

"어째서 내가 없다고 하십니까?"

부처가 물었다.

"너를 어디서 찾을 수 있겠느냐? 보는 것에서 찾을 수 있겠느냐, 아니면 듣는 것에서 찾을 수 있겠느냐?"

"보는 것이나 듣는 것은 보거나 들을 때마다 달라지므로 보는 것이나 듣는 것에서는 늘 변하지 않고 그대로 있어야 할 '나'를 찾을 수는 없습니다."

"그렇다면 나를 찾을 수 있는 변하지 않는 것이 너에게 있느냐?"

"저에게는 변하지 않는 것을 찾을 수 없습니다."

"그러면서도 네가 있다고 하겠느냐?"

"'내'가 있다고 할 수 없습니다."

라 백조 a는 희다.

백조 b는 희다.

백조 c는 희다.

백조 d는 희다.

백조 e는 희다.

따라서 모든 백조는 희다.

생각 쓰기

case 2 **왕수인에 따르면 모든 사람은 선악을 구별할 수 있는 능력인 양지를 가지고 있다. 하지만 그 구별을 못하는 사람들이 있다. 제시문 ㉯를 양지의 방법론으로 사용할 수 있도록 재해석하시오.**

㉮ 감자와 저는 왕수인이 깨달았다는 양지의 이치가 무엇인지 알아내기 위해 많은 고민을 했어요. 처음에는 너무 막막했어요. 그러다가 왕수인의 사상을 다시 한 번 되짚어 보기로 했지요. 간단하고 쉬운 학문을 추구했던 왕수인은 모든 사물에 진리가 숨어 있다는 주자의 사상을 반박하여 진리란 오직 사람의 마음에 있다고 보았습니다. 그러다가 감자와 저는 양지 역시 사람의 마음속에 있다는 것을 알았고 곧 진리가 양지임을 깨닫게 되었지요. 양지란 한마디로 설명하기는 쉽지 않지만 일종의 양심과도 같습니다. 모든 사람은 도덕적인 본성을 가지고 태어나지요. 즉 어떤 경우라도 옳고 그름을 판단하여 그중 옳은 일을 하게 도와주는 능력, 그것이 바로 양지라고 할 수 있어요. 사람들은 양지를 가지고 있기 때문에 착한 일을 하며 살아가는 것입니다. 오늘날 우리 주변을 보면 욕심을 버리고 순수한 마음으로 착한 일을 하는 사람들을 볼 수 있습니다. 그 사람들은 자신이 손해를 보면서까지 옳은 일을 하려고도 하지요. 대체 그런 마음은 어디에서 온 것일까요? 누가 시킨 것일까요? 아니면 학교에서 그렇게 해야 한다고 배웠을까요? 아닙니다. 왕수인은 사람이면 모름지기 그런 착한 마음을 원래부터 가지고 태어난다고 보았던 것입니다.

– 《왕수인이 들려주는 양지 이야기》 중에서

나 칸트의 도덕 법칙은 '너의 준칙이 보편 입법의 원리가 되도록 행동하라' 는 것으로 간추릴 수 있습니다. 이것은 어떤 행동을 하려고 할 때 그 행위가 옳은지 옳지 않은지를 판단하기 위해서는 상대방의 입장이 되어 상대방이 그 행위를 어떻게 받아들일 것인지를 판단해야 한다는 것입니다. 한마디로 역지사지의 방법이라고 할 수 있습니다.

– 칸트, 《실천이성비판》 참고

생각 쓰기

주요 개념 및 배경 지식

1 데카르트

프랑스의 수학자이자 과학자이다. 근대 철학의 아버지로 최초로 스콜라 학파의 아리스토텔레스주의와 대립되는 의심론을 주장하였다. '나는 생각한다, 고로 나는 존재한다' 는 말은, 모든 형태의 지식을 방법적으로 의심한 후, 그 지식에 의한 확실한 검증을 거쳐 확신 단계에 이르는 과정을 표현하였다.

2 칸트

독일의 철학자로 서유럽의 근세 철학의 기초를 확립하였다. 3권의 비판서인 《순수이성 비판》, 《실천이성 비판》, 《판단력 비판》에서 대표적 사상이 발견된다. 이상 3권의 비판서에 의하여 비판 철학 사상의 토대를 세웠다.

아비투어 철학 논술

예시 답안

case 1 왕수인은 진리가 마음에 있으며, 마음속에서 진리를 찾으면 깨달음에 이를 수 있으며, 그 깨달음으로 살기 좋은 세상을 만들 수 있다고 생각한다. 그 마음속에서 찾은 진리가 양지이다. 양지는 선과 악을 판별하는 능력이자 선을 행하는 능력이다. 이 양지는 누구나 가지고 있다. 하지만 그것은 다 자란 열매가 아니라 씨앗처럼 가능성으로만 있어서 잘 기르면 튼실해지고, 잘 기르지 못하면 말라비틀어진다. 한마디로 말하면, 마음의 수양과 깨달음으로 양지를 키울 때 세상을 살기 좋은 곳으로 만들 수 있다.

제시문 ㉯는 마음의 깨달음으로 세상을 살기 좋은 세상으로 만들 수 있다는 것을 보여 준다. 하지만 마음의 깨달음은 시대(환경)가 바뀌면서 더불어 바뀐다는 것도 보여 준다.

제시문 ㉰는 마음에 맡겨서는 살기 좋은 세상은커녕 살기 나쁜 세상이 된다는 것을 보여 준다. 환경 문제는 '인간의 이성으로 모든 것을 판단하고 이성의 힘으로 모든 것을 바꾸어야 한다' 는 특정한 마음의 깨달음으로부터 비롯되었다. 하지만 '인간이 자연을 보호하지 않고 계속 개발만 하면 더 이상 살아남을 수 없다' 는 새로운 마음의 깨달음으로 환경 문제를 해결할 수 있을 것이다. 그러나 마음의 깨달음에만 맡기면 양심(양지)을 잘 키우지 못한 사람들의 양심적이지 못한 마음 때문에 환경이 파괴될 수도 있기 때문에 민주적으로 정한 간섭을 통해 통제할 필요가 있다.

이상으로부터 볼 때 왕수인의 사상은 마음의 깨달음의 중요성을 강조한 점에서 환경 문제와 관련하여 오늘날에도 타당하다. 다만 마음의 깨달음이 바뀔 수 있다는 점과 마음의 깨달음만으로는 부족하며 민주적인 통제가 필요하다는 점을 고려해야 한다.

주제탐구 02강 유교는 학문인가, 종교인가?

case 1 종교와 과학은 진리를 추구하는 점에서 공통점이 있다. 하지만 진리를 추구하는 목적과 방법이 다르다. 종교는 주로 죽은 후의 문제를 해결하려는 목적을 갖는 반면, 과학은 살고 있는 세상의 문제를 해결하려는 목적을 갖는다. 종교는 그 문제를 초월적인 존재나 원리의 힘을 통해 해결하려는 반면, 과학은 내적인 존재나 원리의 비밀을 밝힘으로써 문제를 해결하려고 한다.

유교는 살고 있는 세상을 살기 좋게 만들려는 목적을 위해 진리를 탐구한다는 점과 초월적인 인격적 존재의 힘을 빌리지 않고 내적인 존재나 원리에 대한 탐구로 문제를 해결하려는 점에서 종교라기보다는 학문으로 볼 수 있다. 하지만 유교의 주역이 점치는 책으로 이용되고 공자나 맹자와 같은 위인들을 신처럼 떠받들고 조상에 대한 제사를 강조하는 측면들 때문에 종교로 간주되기도 한다. 하지만 그것은 유교의 원래 모습이 아니다.

case 1 ㉮의 '진리'는 마음속에 있는 것이므로 직접적으로 경험할 수 없는 존재다. ㉯의 언어 그림 이론에 따르면, 직접적으로 경험할 수 없는 존재와 그 존재들 사이의 논리적인 관계는 언어로 표현할 수 없다. 즉 그릴 수 없다. 따라서 ㉮의 '진리'라는 언어는 직접적으로 경험할 수 없는 존재인 진리를 표현할 수 없다(즉 그릴 수 없다). ㉮의 '진리'는 아무런 의미가 없는 언어가 된다.

하지만 ㉰의 언어 사용 의미론에 따르면, 언어의 의미는 그 쓰임새에 의해 결정된다. ㉮의 '진리'라는 언어는 마음속의 직접 경험할 수 없는 어떤 것을 가리키는 의미로 쓰였다.

그러므로 마음속의 양지를 핵심으로 삼는 왕수인의 양명학은 ㉯의 입장에서는 아무런 의미가 없는 헛소리에 지나지 않지만, ㉰의 입장에서는 그 쓰임새에 의해 결정된 의미가 있는 언어가 된다. 이러한 평가는 의미 있는 학문의 범위를 지나치게 좁히는 결과를 낳는다. 의미 있는 학문의 대상을 넓히기 위해서는 ㉰의 언어 의미론을 받아들이는 것이 좋다.

case 2 ㉮는 윤리적 진리이자 종교적 진리며, ㉯는 종교적 진리이자 윤리적 진리이며, ㉰는 수학적 진리, ㉱는 논리적 진리이다. 공통점을 찾아보면 모두 예외 없이 적용되는 보편적인 진리이다.

차이점을 살펴보면, 첫째, ㉲만 경험을 통해 진리를 얻는 반면, ㉲를 제외한 모두는 경험을 통하지 않고 진리를 얻는다. 둘째, ㉮와 ㉯는 아무런 추론 없이 직관적인 방법으로 진리를 얻는 반면, ㉰와 ㉱는 연역적 방법을 통해 진리를 얻는다. ㉰는 공리나 정리로부터 수학적인 추론 규칙을 따라 진리를 얻으며, ㉱는 전제로부터 논리적인 추론 규칙을 따라 진리를 얻는다.

결론적으로 공통점은 진리의 보편적인 성격에 있으며, 차이점은 진리를 얻는 방법에 있다.

주제탐구 04강 양명학의 방법론

case 1 공통된 주제는 진리를 탐구하는 방법이다. ㉮ ~ ㉰는 사변적인 탐구 방법인데 특히 마음속으로 들여다보는 내성적 방법이다. ㉱는 밖으로 내다보는 경험적 방법이다. 탐구 방법은 탐구 대상의 성격에 따라 결정된다. 탐구 대상이 경험할 수 없는 대상이면 경험을 통해 탐구할 수 없으므로 사변적이거나 내성적인 방법을 선택할 수밖에 없다.

양명학이 진리를 탐구하는 데 사변적이고 내성적인 방법을 사용한다고, 다시 말해 과학적 방법의 특징인 경험적인 방법을 사용하지 않는다고, 그 탐구 내용의 진리성까지 의심할 수는 없다. 다만 양명학의 탐구 대상의 성격이 다를 뿐이다. 같은 탐구 방법을 사용하지 않는다고 무조건 배척하는 것은 진정한 탐구자의 자세가 아니라고 생각한다.

case 2 선과 악을 구별하는 능력인 양지를 가지고 있으면서도 선과 악을 구별하는 데 어려움을 겪는다. ㉯의 칸트의 도덕 규칙이 양지의 방법으로 사용될 수 있다. ㉯는 '너의 준칙이 보편 입법의 원리가 되도록 행동하라' 는 것을 자신이 할 행위가 선한 행위인지 악한 행위인지 구별하는 방법으로 제시하였다. 그것은 자신이 할 행위를 다른 모든 사람들도 똑같이 할 경우 자신이 그 행위의 결과를 선한 것으로 받아들일 경우만 그 행위를 하라는 것이다. 쉽게 말하면 역지사지의 방법을 말한다. 이것은 양지의 방법으로 손색이 없는 것 같다.

Abitur

철학자가 들려주는 철학이야기 014

헤겔이 들려주는 정신 이야기

저자_박민수

연세대학교 독문과를 졸업하고 동 대학원에서 석사 학위를 받았다. 지금은 독일 베를린 자유대학에서 '근대 미학에서 미적 가상의 개념' 이란 주제로 박사 논문을 준비하고 있다. 전문 번역가로도 일하고 있으며, 그동안 번역한 책으로는 《우리의 포스트모던적 모던》, 《데리다-니체, 니체-데리다》, 《신의 독약》, 《책벌레》, 《크라바트》 등이 있다.

주 제 탐 구

1강 모순과 운동
2강 변증법
3강 참된 자유
4강 사회의 역할

01강 모순과 운동

case 1 헤겔은 모순이 발전과 운동의 원동력이라고 말한다. 다음 제시문을 참고하여 이에 관해 논술하시오.

헤겔은 모순이 모든 사물이 갖는 가장 중요한 성질이라고 생각했습니다. 또 사물을 변화하게 하고 운동하게 하는 조건이라고 말했습니다. 모든 사물은 그 자신 안에 모순을 가지고 있는 것이랍니다. 다시 말하면, 모든 사물은 자신 안에 자신과 반대되는 것, 자신이 아닌 것에 대한 요구를 가지고 있는 것입니다. 그래서 사물은 운동을 하게 되고 변화가 일어나는 것이지요.

– 《헤겔이 들려주는 정신 이야기》 중에서

사물의 모순은 두 군데에서 나타난답니다. 하나는 자신과 자신을 둘러싸고 있는 외부의 대상 사이에서, 그리고 다른 하나는 자신의 내부 안에서, 결국 모든 사물은 외부와 내부에 현재의 자신을 부정하고 새로운 것으로 만들려는 중요한 모순들을 갖고 있다는 말입니다. 모든 사물들은 어떤 상태나 상황을 그대로 지탱하는 것이 아니라, 끊임없이 자신 안에 있는 낡은 것을 파괴해 자꾸 새로운 것으로 변화하려고 합니다.

– 《헤겔이 들려주는 정신 이야기》 중에서

생각 쓰기

Note&
guide

주요 개념 및 배경 지식

운동

보통 운동은 어떤 공간에서 물체의 위치가 바뀌는 것을 뜻한다. 하지만 헤겔 철학에서 이 말은 좀 더 넓은 의미를 갖는다. 헤겔 철학에서의 운동은 물체의 위치가 바뀌는 것만이 아니라 모든 변화와 발전을 가리킨다. 헤겔은 사물의 성질이 바뀌는 것, 사회의 구조가 달라지는 것, 사람의 생각이 바뀌는 것, 사람이 세상에 관해 더 많은 것을 알게 되는 것 등 모든 변화와 발전을 일컬어 운동이라고 말한다.

02강 변증법

case 1 다음 제시문을 읽고 '정, 반, 합'이란 개념을 사용해서 변증법이 무엇인지 서술하시오.

"변증법에서 말하는 운동은 여러 가지 층으로 복잡하게 이루어져 있어. 그것을 정(正), 반(反), 합(合)이라는 세 개념을 이용하여 설명한단다. 정(正)은 있는 것, 반(反)은 있는 것을 반대하는 것, 합(合)은 이 둘의 종합으로 이해하면 돼."

선생님은 나무 막대기를 가지고 땅 위에 正, 反, 合의 세 글자를 썼다.

"그거 제가 다 아는 한자예요. 바를 정, 반대 반, 합할 합이요. 히히."

해결 선생님은 자신 있게 대답하는 정신이를 보고 빙긋 웃으셨다.

"한자 공부를 열심히 하는구나. 그럼 정반합을 제대로 한번 얘기해 볼까? 정(正)은 '~이다' 라는 판단을 뜻한단다. 긍정을 나타내는 판단이지. 예를 들면 '정신이는 운동을 열심히 하는 학생이다' 라는 문장이야. 이것을 긍정하는 처음 문장이라고 하자. 다음 반(反)은 첫 긍정 문장을 부정하는 문장인데, 전면 부정이 아니라 그 일부를 부정하는 문장이지. 예를 들어 '정신이는 열심히 운동하는 학생은 아니다' 가 되는 거야. 이것은 앞서 말한 '정신이는 운동을 열심히 하는 학생이다' 의 부정이고 방해 원인이란다. 그러면 정신이는 자신 안에 두 문장의 성질을 다 가지고 있게 되는 거지. 그런데 시간이 흐르면서 이 두 문장은 합(合)을 이루게 된단다. 예를 들면 '정신이는 단지 열심히가 아니라 운동을 좋아하는 학생이다' 로 말이야."

정신이는 열심히 고개를 끄덕거리면서 선생님의 설명을 따라갔다. 입으로 연방 정반합, 정반합 하는 걸 보니 이해가 되는 모양이었다.

"아하! 그럼 순서가 이렇게 되는 거네요? 처음 긍정이 정(正), 그 다음 부정이 반(反), 그 둘을 합한 긍정이 합(合), 맞죠?"

-《헤겔이 들려주는 정신 이야기》 중에서

생각 쓰기

case 2 다음 제시문을 읽고 변증법의 지양에 관해 설명하시오.

"그리고 정(正)과 반(反)을 합해서 새로운 합(合)으로 가는 것을 지양이라고 한단다. 지양은 이런 뜻이야. 먼저 있는 것을 부정하지. 그다음에 그중에서 필요한 것을 보존해. 그리고 한 단계 더 높아지는 거야. 이렇게 부정하고, 보존해서 한 단계 더 높이는 것을 지양이라고 한단다. 지양을 통해서 우리는 버릴 것은 버리고, 취할 것은 취해서 더 새로운 종합을 하게 되는 거지."

(……)

"아하, 그렇구나! 변증법으로는 뭐든지 설명할 수 있겠네요."

"그럼! 변증법은 거의 모든 자연현상이나 사람들의 관계에 대해 설명이 가능하단다. 그러나 변증법에서 중요한 것은 '합'의 단계에서 이미 지나간 것을 반복하는 것이 아니라 질적인 발전을 일으킨다는 것이다. 그것도 직선적인 발전이 아니라 부정의 부정을 통해 나선형의 형태를 띠고 위로 올라가면서 진보되는 것이지."

– 《헤겔이 들려주는 정신 이야기》 중에서

지양은 부정하고, 보존하여 한 단계 더 높이는 것을 말합니다. 곧 합이란 취할 것은 취하고 버릴 것은 버려 새롭게 종합하는 것입니다.

– 《헤겔이 들려주는 정신 이야기》 중에서

생각 쓰기

Note& guide

주 요 개 념 및 배 경 지 식

1 변증법

헤겔에 따르면, 변증법은 사물이나 사람의 운동, 즉 그 변화나 발전을 설명하는 원리이다. 사물이나 사람의 운동은 복잡한 단계와 층으로 이루어져 있는데 헤겔은 이것을 정, 반, 합이라는 세 가지 개념을 이용해서 설명한다. 정은 '있는 것' 이라는 뜻이고, 반은 '있는 것을 반대하는 것' 이라는 의미이며 합은 '취할 것은 취하고 버릴 것은 버려서 도달한 더 높은 단계' 를 뜻한다. 이 마지막 단계는 다시금 '정' 의 단계라 할 수 있으며, 이것이 또 다른 '반' 을 거쳐 또 다른 '합' 의 단계로 이행하고, 이런 과정은 끝없이 되풀이된다. 헤겔에 따르면 인간의 정신과 세상의 모든 사물은 이러한 단계적 변화, 즉 변증법적 운동을 하면서 발전한다.

2 판단

판단이란 어떤 대상이나 사물이 어떠한 것인지를 단정하는 사고 작용을 말한다. 판단은 보통 'A는 B이다' 라는 형태를 취한다. 가령 눈앞에 사과가 있다고 하자. 우리는 그것을 보면서 '이것은 사과이다', '이것은 둥글다', '이 사과는 빨갛다', '이 사과는 크지 않다' 등의 생각을 한다. 이 모든 것이 판단이다. 우리의 많은 생각은 이러한 판단으로 이루어진다.

3 지양

지양은 헤겔 철학의 주요 용어이다. 헤겔에 따르면 모든 사물은 정, 반, 합의 발전을 하는데, 이때 정과 반은 서로 모순 관계에 있다. 그리고 합은 이러한 모순이 해결되는 상태를 말한다. 이처럼 정과 반이 합으로 이행하는 것, 다시 말해 모순이 해결되고 더 높은 단계로 이행하는 것을 지양이라고 부른다.

03강 참된 자유

case 1 우리는 흔히 '하고 싶은 대로 할 수 있는 것'을 자유라고 생각한다. 다음 제시문을 읽고 헤겔은 자유에 관해 어떻게 생각했는지 서술하시오.

"왜 오늘 회관에 오지 않았냐고 했지? 너희가 온 후부터 난 이 시골구석이 더 싫어졌어. 나도 너희처럼 내가 하고 싶은 걸 마음껏 하며 자유롭게 살고 싶어. 항상 과수원 일에 바쁜 부모님들 때문에 틈만 나면 과수원 일도 돕고, 동생도 돌봐야 하고……. 나도 우리 부모님이 서울 사람들처럼 깨끗하게 차려입고 출근하는 일을 하셨으면 좋겠어. 너희처럼 학교 끝나면 방과 후 활동도 하고 싶고, 큰 도서관에 가서 책도 보고 싶어. 그리고 너희처럼 가끔은 엄마, 아빠랑 좋은 곳에 가서 외식도 하고, 놀이 공원도 갔으면 좋겠어. 너희처럼……."

도영이는 숨도 안 쉬고 이야기를 하다가 갑자기 고개를 푹 숙였다. 도영이의 신발 위로 눈물이 뚝뚝 떨어졌다. 정신이는 너무 당황스러워서 어찌할 바를 몰랐다.

(……)

"박도영! 네가 진짜로 원하는 게 뭐냐?"

정신이는 배에 힘을 딱 주고 도영이의 눈을 똑바로 쳐다보며 물었다.

(……)

도영이는 (……) 눈만 껌벅거릴 뿐 아무 말도 없었다.

"좋아, 그럼 질문을 조금 바꿔 볼게. 네가 정말 하고 싶다고 생각하는 것들이 정말 네가 하고 싶은 거니?"

(……)

도영이는 진지하게 생각에 잠겼다. 하지만 선뜻 대답하지 못했다. 다시 정신이가 입을 열었다.

"아까 네가 그랬지? 서울 아이들처럼 학교 끝나면 방과 후 활동도 하고 싶고, 큰 도서관에 가서 책도 보고 싶고, 외식도 하고, 놀이 공원도 갔으면 좋겠다고. 그럼 너의 욕구는 너의 내부에서 생긴 것이 아니라, 주변 사람들의 영향으로 만들어진 것이라고 볼 수 있겠지?"

이번에도 도영이는 아무 말이 없었다. 똘똘한 도영이가 정신의 말을 이해 못했을 리는 없었다.

"예를 들어, 자동차가 생기기 전에 사람들은 자동차를 갖고 싶다는 생각조차 하지 않았을 거야. 자동차가 생기고 너도나도 자동차를 타는 걸 보고는 나도 자동차를 갖고 싶다고 생각하게 된 거지. 그리고 그 대상도 사회가 변하면서 다양하게 변할 거고. 사회 안에서 어떠한 교육을 받았느냐에 따라서도 달라질 거야. 해결 선생님 말씀에 따르면 철학자 헤겔은 하고 싶은 것을 마음대로 하는 자유는 우리 시대의 사회적 역사적인 힘들에 의해 이리저리 떠밀려 다니는 자유일 뿐이라고 했대. 우리는 특정한 역사적 시기의 특정한 사회에 살고 있기 때문에 그 사회와 시대에 영향을 받고 있다는 거지."

– 《헤겔이 들려주는 정신 이야기》 중에서

생각 쓰기

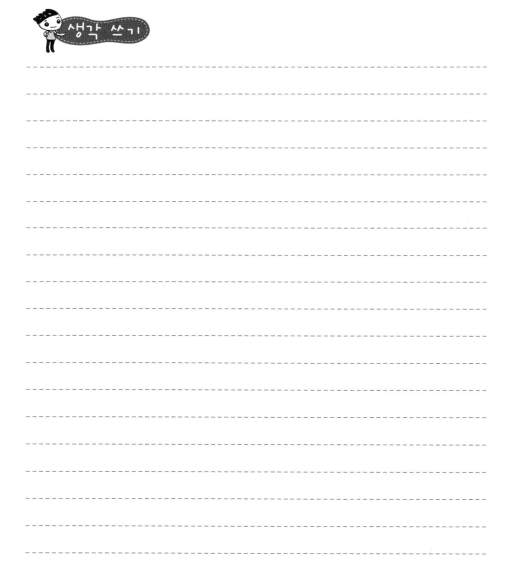

case 2 다음 제시문을 읽고 헤겔은 어떤 것을 참된 자유라고 생각했는지 논하시오.

"그러니까 결론적으로 진정한 자유는 개인의 이익과 사회가 요구하는 공동의 가치가 잘 어우러질 때 나타난다 이거야. 예를 들어서 우리나라에서는 성인 남자가 군대에 가는 것이 의무잖아. 그런데 가끔 보면 연예인들이 군대에 안 가려고 이런저런 핑계를 만드는 경우가 있지. 고생해서 스타가 됐는데 군대에 다녀오는 동안 대중에게 잊힐까 봐 걱정도 되고 뭐 그래서겠지. 하지만 지금의 인기에 연연하지 않고 훌륭하게 군 생활을 마치고 나서 더 큰 인기를 얻는 연예인들도 있잖아. 그런 사람들은 모두 잠시 자신이 원하는 것을 접고 자신이 속한 사회의 가치에 충실했기 때문에 더 많은 사람들에게 사랑도 받고 스스로에게 더 떳떳하고 자유로울 수 있는 거 아닐까?"

– 《헤겔이 들려주는 정신 이야기》 중에서

헤겔은 역사를 변화와 발전 그리고 목적이라는 개념으로 설명했습니다. 모든 역사는 끊임없이 변화하고 그전의 역사보다 나은 역사로 나아가며 발전한다는 것입니다. 그래서 변화와 발전이 역사를 움직이며 이러한 변화와 발전은 결국 일정한 목적을 향해 나아가는데, 그 목적이 인간의 완전한 자유라는 것입니다.

– 《헤겔이 들려주는 정신 이야기》 중에서

생각 쓰기

주요 개념 및 배경 지식

가치

가치는 일반적으로 값어치, 값을 의미한다. 그러나 철학에서의 가치는 아름다운 것, 즐거움을 주는 것, 소중한 것, 좋은 것, 바람직한 것 등 인간의 삶에서 큰 의미를 갖는 것을 뜻한다. 예를 들어서 건강, 생존, 돈, 재산, 우애, 사회적 지위, 인격, 미덕, 선함 등은 모두 가치에 속한다.

04강 사회의 역할

case 1 헤겔은 시민사회가 인간을 위해 어떤 역할을 한다고 보았는가? 다음 제시문을 참고해서 이에 관해 논하시오.

사람이 노동을 통해 자유를 찾아가는 것은 결국 시민의 한 사람으로 국가 안에서 자신을 만들어 가는 일입니다. 그래서 노동에 대해 이야기하려면, 시민과 국가의 관계를 말할 수밖에 없습니다. 시민들이 사는 사회는 자유행동을 하는 개인들의 욕구로 이루어져 있기 때문에, 헤겔은 사회를 '욕구의 체계' 라고 했습니다. 사회 안에서 사람들의 욕구는 다른 사람과 밀접한 관계를 맺고 있습니다. 헤겔은 시민사회가 다음과 같은 중요한 일을 하고 있다고 했습니다.

첫째, 사회는 그 안에서 사람들이 노동을 하는 곳으로, 서로의 욕구를 연결해 주고 만족시키는 일을 합니다.

둘째, 사회는 사람들이 자유롭게 활동하게 하기 위해 서로 가진 것을 보장해 주는 일을 하는 곳입니다.

셋째, 사회는 더 나은 사회를 위해 노력하며, 여러 단체의 특수한 이해를 공동의 이해로 조화시키는 일을 하고 있습니다.

– 《헤겔이 들려주는 정신 이야기》 중에서

생각 쓰기

Note& guide

주요 개념 및 배경 지식

시민사회

시민사회란 봉건사회에 대립하는 개념이며, 봉건적 굴레에서 벗어난 자유로운 개인들, 즉 시민들이 모여서 구성하는 사회를 뜻한다. 이러한 시민사회는 근대 유럽의 시민혁명을 거치면서 탄생했다. 오늘날의 자본주의 사회는 모두 시민사회의 형태를 갖는다.

아비투어 철학 논술

예시 답안

주 제 탐 구 01강 모순과 운동

case 1 헤겔에 의하면, 모순은 동양적 모순이 아니라 대립되는 것이 같이 있는 상태를 말한다. 건전지의 양극과 음극, 부부 사이의 남자와 여자처럼 인간 역시 대립되는 두 가지 개념이 함께 있는 상태가 헤겔의 모순이다.

헤겔은 모든 것이 이런 모순 상태에 있다고 생각한다. 인간 역시 거짓말을 하고 싶어하는 나와 그러면 안 된다고 생각하는 나가 동시에 존재하는 것처럼 대립되는 것들은 반을 통해 새로운 상태인 합으로 나아간다. 즉, 정에서 그에 반대되는 반이 나오고 새로운 상태인 합으로 가는 것이 헤겔의 변증법이다.

주 제 탐 구 02강 변증법

case 1 헤겔에 의하면, 변증법은 세상 사물에 관한 진리를 알기 위한 학문적 방법이다. 이러한 변증법을 모순의 원리와 연관 지어 생각해 보자. 헤겔은 세상의 사물들이 모순에 의해서 운동한다고 말한다. 즉 A라는 것이 그와는 반대의 성질을 가진 B와 만나면, 둘은 모순 관계에 빠지고 A와 B 모두 상대의 영향을 받아 변화하면서 새로운 상황을 만들어 낸다.

그런데 세상의 운동 원리, 변화와 발전의 원리가 이런 것이라면, 세상의 진리를 알아내는 방법 역시 비슷한 구조를 가져야 한다. 그래서 헤겔의 변증법은 '정—반—합'의 구조를 갖는다.

'정' 은 어떤 상태나 성질을 지칭한다. '반' 은 애초의 상태나 성질을 부정함을 뜻한다. '합' 은 '정' 과 '반' 이 만나 모순을 일으켜서 변화된 상태를 가리킨다. 그리고 이 합은 다시금 '정' 의 상태라고 할 수 있다.

생명체를 예로 들어 설명해 보자. 헤겔에 의하면 '생명체는 산 것이다' 나 '생명체는 언젠가 죽는다' 와 같은 판단은 부분적으로만 옳을 뿐 생명체에 관한 완전한 진리가 아니다. 생명체는 변증법적으로 파악해야 제대로 이해된다. 즉 '생명체는 살아 있는 것이지만 죽음의 요소를 갖고 있으며 이 모순된 두 가지가 서로 작용해서 늙다가 죽는다' (정—반—합)라고 이해해야 한다.

이처럼 변증법적으로 파악하면 세상의 사물을 좀 더 깊이 이해할 수 있다. 물론 생명체에 대한 마지막 정의 역시 완전한 진리는 아니다. 생명체에 관한 이 정의는 다시금 '정' 의 단계가 되며 그것의 부족함을 비판하는 '반' 을 만나 좀 더 완전한 정의, 즉 '합' 으로 이행할 수 있다. 헤겔은 인간의 지식이 바로 이런 방식으로 증대(운동)한다고 말한다.

case 2 지양은 헤겔이 자신의 변증법을 설명하는 가운데 사용하는 중요한 개념이다. 지양이 무엇인지는 하나의 예를 통해서 알아보기로 하자. 펄펄 끓는 물을 냉장고에 넣고 5분 후에 꺼내면 미지근한 물로 변해 있을 것이다. 그리고 이 물에 얼음을 많이 넣으면 몇 분 후 차가운 얼음물이 될 것이다.

이러한 현상을 변증법에 의해 설명해 보면 다음과 같다. 처음의 펄펄 끓는 물을

'정' 이라 하면 냉장고의 냉기는 '반' 이 된다. 그리고 미지근한 물은 '합' 이라 할 수 있다. 이 미지근한 물은 다시금 하나의 '정' 이라고도 할 수 있다. 그렇다면 여기에 가해지는 얼음은 '반' 이며, 그렇게 해서 생겨난 차가운 얼음물은 '합' 이다. 즉 변증법은 사물이나 현상을 '정—반—합(정)—반—합(정)—반—합' 의 방식으로 이해한다.

그런데 여기서 알 수 있듯이, '정' 과 '반' 이 만나 이루어진 '합' 의 상태는 기존의 '정' , '반' 과는 전혀 다른 성질을 갖는다. 다시 말해 미지근한 물은 펄펄 끓는 물이 아니고 차가운 냉기도 아니며, 또 차가운 얼음물은 미지근한 물도 아니고 얼음도 아니다.

이처럼 '정' 과 '반' 이 만나 성질이 전혀 다른 '합' 의 상태로 이행하는 것을 헤겔은 '지양' 이라고 부른다. 지양이란 '정' 의 상태 일부를 보존하는 동시에 일부는 버리고, 또 '반' 의 상태 일부를 보존하는 동시에 일부는 버려서 질적으로 전혀 다른 것이 되는 것을 말한다.

주제탐구 03강 참된 자유

case 1 흔히 사람들은 자신이 원하는 대로 할 수 있는 것을 자유라고 생각한다. 즉 자신의 이런저런 욕망을 충족시키면서 살 수 있는 것을 자유라고 생각하는 것이다. 하지만 헤겔에 의하면, 이것은 참된 의미에서의 자유가 아니다. 그 이유는 무엇보다 뭔가를 원하는 것, 즉 욕망이 많은 경우 우리 자신에게서 자연스레 생겨난 것이 아니라는 데 있다. 그런 욕망은 대개 외부로부터 우리에게 알게 모르게 심어진 것들에 불과하다.

예를 들어 나의 친구가 명품 옷과 명품 가방을 가진 것을 보면 나도 그런 것을 갖고 싶다는 욕망을 느낀다. 그리고 그런 명품을 가질 수 없으면 갈등을 느낀다. 즉 자신이 원하는 대로 할 수 없어서 그 어떤 '구속감' 을 느끼는 것이다. 그런 경우에는 자신의 욕망을 마음껏 충족시켜야 자유로워질 것이라 생각한다. 하지만 그러한 내 욕망은 처음부터 내 안에 있었던 것일까?

헤겔에 따르면, 그렇지 않다. 많은 사람들이 이른바 명품을 갖고 싶어 하는 사회에 살고 있기 때문에 나도 모르게 그런 욕망을 갖게 된 것이다. 내가 다른 사회에 살았다면 그런 욕망을 전혀 갖지 않았을 것이기 때문에 그것은 내가 사회로부터 영향을 받아 생긴 것에 불과하다. 헤겔은 이런 욕망은 참된 것이 아니며, 이런 욕망을 충족시키는 것 역시 참된 자유가 아니라고 말한다.

case 2 헤겔은 특정한 사회나 역사의 영향을 받아 생긴 욕망 그리고 생물학적으로 규정된 욕망을 실현하는 것은 참된 자유가 아니라고 말한다. 하지만 헤겔은 인간이 이런 욕망을 완전히 배제해야 한다고 생각하지는 않으며, 이런 욕망이 참된 자유와 전적으로 무관하다고 보지도 않는다.

헤겔에 의하면, 우리가 참으로 자유로운 것은 우리 자신의 욕망을 사회 전체 구성원의 이익과 조화시킬 수 있을 때이다. 즉 개인의 욕망과 사회 전체 구성원의 욕망이 조화롭게 실현될 때 진정한 자유를 느낄 수 있는 것이다.

하지만 여기서 사회 전체 구성원의 욕망이라는 것은 단순히 많은 사람들이 원하는 것을 의미하지는 않는다. 예를 들어, 사회 구성원의 대부분이 명품을 원하며 나도 그것을 원한다고 해서 내가 자유로운 사람이 되는 것은 아니다. 헤겔이 말하는 사회 구성원 전체의 이익은 역사 발전의 목표와 연관이 있다. 헤겔에 의하면, 역사 발전의 목표는 완전한 자유이다. 그리고 사회는 이러한 자유를 실현하기 위해 개인들이 만든 것이며 사회 구성원 전체의 이익은 궁극적으로는 자유의 신장을 뜻한다. 따라서 헤겔은 욕망 추구를 사회 구성원 전체의 자유 신장과 조화시킬 수 있을 때 비로소 참된 자유를 얻는다고 주장하였다.

주제탐구 04강 사회의 역할

case 1 인간이 일을 하는 것은 자신의 욕망을 얻기 위해서이다. 그래서 헤겔은 '노동은 자유를 낳는다' 라고 말한다.

그런데 공동체를 구성하는 개인들이 오로지 자신의 욕망을 추구하고 타인의 욕망은 무시한다면, 분쟁과 불화를 피할 수 없게 될 것이다. 헤겔에 의하면, 근대 유럽에서 시민혁명을 거쳐 탄생한 시민사회는 이런 분쟁과 불화를 최소로 줄이고 개인들의 다양한 욕망 실현을 최대한 조화롭게 중재하기 위해 수립된 것이다. 즉 시민사회는 개인들의 노동과 자유 실현이 서로 조화롭게 공존할 수 있게 해야 한다. 그리고 개인이 노동을 통해 얻은 재산을 법에 의해 지켜 주고 사회가 더 나은 공동체로 발전할 수 있게 뒷받침하는 것도 시민사회가 해야 하는 일이다.

Abitur

철학자가 들려주는 철학이야기 015

그람시가 들려주는 헤게모니 이야기

저자_**박민수**

연세대학교 독문과를 졸업하고 동 대학원에서 석사 학위를 받았다. 지금은 독일 베를린 자유대학에서 '근대 미학에서 미적 가상의 개념' 이란 주제로 박사 논문을 준비하고 있다. 전문 번역가로도 일하고 있으며, 그동안 번역한 책으로는 《우리의 포스트모던적 모던》, 《데리다-니체, 니체-데리다》, 《신의 독약》, 《책벌레》, 《크라바트》 등이 있다.

주 제 탐 구

1강 국가와 시민사회
2강 포디즘에 대한 평가
3강 이데올로기와 진지전

01강 국가와 시민사회

case 1 그람시는 국가가 정치사회와 시민사회로 구성된다고 보았다. 다음 제시문을 참고하여 그람시가 말하는 정치사회와 시민사회가 무엇인지 설명하시오.

국가는 정치사회와 시민사회로 구성된다. 정치사회는 강제, 힘, 폭력의 영역이고 시민사회는 동의, 자발성, 의지와 이데올로기의 영역이다.

– 《그람시가 들려주는 헤게모니 이야기》 중에서

일반적으로 시민사회는 대중들의 의사, 이해관계, 사상 등이 갈등하고 투쟁하는 다툼의 공간이기도 하고, 대중의 다양한 생각과 이해관계가 조율되고 합의를 보는 협력의 공간이기도 하다. 시민사회 속에 존재하는 대중은 기업가일 수도 있고 노동자일 수도 있고 일반 회사원일 수도 있다. 또한 이들을 대변하는 단체, 조직이 시민사회 속에 존재하기도 한다.

그람시는 시민사회가 교회, 노동조합, 회사, 학교 등으로 구성되어 있다고 보았다. 시민사회는 정치사회와 다르게 시민들의 협력과 동의를 구하는 중요한 장소이다. 힘과 폭력으로써는 시민들의 자발적이고 스스로 우러나오는 동의를 구할 수 없다.

– 《그람시가 들려주는 헤게모니 이야기》 중에서

생각 쓰기

case 2 **다음 제시문을 참고해서 시민사회와 정치사회가 어떻게 유기적 관계를 맺고 있는지 설명하시오.**

현대 국가는 과거 노예 사회처럼 힘으로만 통치할 수 없는 사회이다. 힘은 한계가 있다. 힘을 행사하면 일시적으로만 시민들이 복종할 따름이지 진정으로 복종하고 동의하는 모습을 보기는 어렵게 된다. 그렇기 때문에 현대사회에서 국가와 정치의 영역은 시민사회에서 어떻게 동의를 확보할 것인가가 가장 중요한 문제가 되는 것이다. 즉 헤게모니의 주요 목표 대상은 시민사회가 되는 것이다.

– 《그람시가 들려주는 헤게모니 이야기》 중에서

국가가 시민사회를 통해 대중들의 동의를 확보하고 대중들의 일반적 의지를 수용할 수 있을 때 국가는 헤게모니를 획득하게 된다. 헤게모니를 획득한 국가는 정치사회의 폭력, 힘을 억제하게 되고 통치력을 강화할 수 있다. 그러나 국가가 시민사회에서 이러한 것들을 얻지 못하면 위기에 빠지게 된다.

(……)

국가가 헤게모니를 획득하고 동의를 확보하면 강압과 폭력의 영역은 자연스럽게 축소된다. 그러나 국가가 대중적 확장 기반을 상실하면 동의의 영역은 협소해지고 정치사회적인 폭력의 영역만 남게 된다. 즉 헤게모니 없는 독재가 시행된다. 이것은 새로운 국가와는 거리가 먼 것이다. 그러나 대중적 기반이 확장되면 정치사회는 시민사회에 의해 축소되고 소멸될 수 있다. 즉 강제의 영역이 줄어드는 것이다.

– 《그람시가 들려주는 헤게모니 이야기》 중에서

생각 쓰기

주요 개념 및 배경 지식

1 시민사회

시민사회라는 말은 서구 역사에서 자유 도시의 출현과 관련이 있다. 즉 원래 시민이란 말은 중세 시대 봉건 영주로부터 자율권을 획득한 도시의 거주자들을 뜻하고 시민사회란 이들의 활동 영역을 뜻했다. 이때 시민은 주로 산업 활동으로 돈을 벌어들이는 계층이었다. 그런데 서구에서 산업이 발달하여 자본주의 체제가 형성되고 또 시민 혁명을 거쳐 절대왕정이 점차 붕괴되는 과정에서 시민은 그 수와 활동 영역과 영향력을 계속 확대시켰다. 그리고 마침내는 시민사회가 전체 사회와 거의 같은 범위를 차지하게 되었다.

2 이데올로기

이데올로기는 사람이 전체 자연과 인간 그리고 사회에 대해서 품고 있는 생각과 의식, 가치관 등을 총칭한다. 이런 점에서 이데올로기는 세계관과도 유사한 개념이다. 그렇지만 보통 이데올로기에는 정치와 종교, 예술, 법, 철학 등 인간이 사회 · 문화적 차원에서 정신노동을 통해 만들고 수용하는 모든 것도 포함시키고 있다. 이런 점에서 이데올로기는 아주 넓은 의미를 갖는 개념이다. 1950~1980년대의 냉전 시대에는 '이데올로기 대립과 경쟁' 이란 말이 사용되었다. 여기서 이데올로기는 특정한 두 가지를 말한다. 그것은 자본주의 내지 자유민주주의 이데올로기와 사회주의 이데올로기이다. 즉 냉전 시대에는 세계가 동서 양 진영으로 나뉜 가운데 이 두 가지 이데올로기가 대립하고 경쟁했다.

3 노동조합

노동조합이란 노동자들이 자본가에 대항해서 자신들의 이익과 권리를 지키기 위해 자발적으로 결성한 조직을 말한다. 근대 서구에서 노동자들은 일찍부터 이런 조직을 만들기 위해 애썼으나, 이에 위기를 느낀 자본가들에 의해 계속 방해를 받았다. 노동조합이 합법적 단체로 인정받기 시작한 것은 1824년 영국에서이다.

02강 포디즘에 대한 평가

case 1 그람시가 볼 때 포디즘은 단순히 생산 방식의 혁신만을 의미하는 것이 아니라 크나큰 사회적 의미를 갖는 것이었다. 그람시는 포디즘을 구체적으로 어떻게 평가했는지 다음 제시문을 참고해서 설명하시오.

포드는 컨베이어시스템이라는 새로운 기술을 디트로이트에 있는 자신의 공장에 도입하였다. 이 시스템이 도입되기 전에는 자동차를 한 대 조립하는 데 걸리는 시간이 12시간 30분 정도였다. 그러나 이 시스템이 도입되면서 1시간 33분 만에 자동차 1대를 조립할 수 있었다. 즉 생산에 소요되는 시간이 대폭 단축되어 대량생산이 가능하게 된 것이다.

포드가 도입한 경영 방침 중 또 하나의 특징은 높은 임금을 주었다는 것이다. 그는 다른 자동차 회사에 비해 약 5배 높은 임금을 주었다. 그럼에도 불구하고 회사가 몰락하지 않고 더 번성하여 자동차 업계 1위로 부상할 수 있었던 이유는 자동차 판매가 대폭 늘었던 점에 있다. 자동차가 잘 팔린 이유는 가격이 다른 회사에 비해 저렴했기 때문이다. 대량생산이 가능해지면서 판매 가격이 하락하게 된 것이다.

이와 같은 높은 임금과 대량생산이 포드가 만든 생산 시스템의 특징이다. 이러한 생산 시스템을 포디즘이라고 한다. 포디즘은 대량생산과 대량 소비 가 결합된 것이다. 노동자 대중이 높은 임금을 받게 됨으로써 소득이 상승하였고 저축률도 높아졌으며 소비 지출액도 늘어나게 되었다. 따라서 기업도 활발한 생산 활동을 전개할 수 있었고 과거보다 높은 수익을 올릴 수 있었다.

그럼 컨베이어시스템은 무엇인가?

노동자들은 원으로 돌아가는 컨베이어벨트 앞에 앉아서 부품 조립만 하는 단순노동을 하게 된다. 즉 고급 숙련노동이 필요가 없게 된 것이다. 포디즘 하에서 많은 노동자들은 반숙련 혹은 단순노동자가 된다. 그리고 기계와 비슷하게 똑같은 행동만 반복하는 노동을 하기 때문에 노동에 대한 관심과 애정을 상실할 수 있고 반복되는 행위로 육체적 · 정신적 피로를 느낄 수 있다. 그람시는 이러한 현상을 훈련된 원숭이로 표현한다.

많은 임금을 받게 되고 일자리가 늘어남에 따라 노동자들은 사회에 대한 불만을 과거보다 덜 갖게 되었다. 사회 전체적으로 보면 그람시의 표현대로 공장에서 자본가가 헤게모니를 장악하게 된 것이다. 포디즘을 통해 자본가가 사회 전체에 대한 헤게모니를 행사할 수 있게 된 것이다.

– 《그람시가 들려주는 헤게모니 이야기》 중에서

생각 쓰기

Note& guide

주요 개념 및 배경 지식

대량생산 / 대량 소비

대량생산은 생산 설비를 대규모로 늘리고 공정 작업을 분업화하고 부품을 규격화하는 등의 방식을 통해서 특정한 생산품을 대량으로 만드는 방식을 말한다. 20세기 초 미국에서 도입된 대량생산 방법은 상품의 생산 비용은 절감하며 품질을 높이고 수량을 늘려 소비자의 제품 선택 범위를 넓히는 효과를 가져왔다. 이는 임금 노동자를 포함한 다수 대중을 소비자로 끌어 모으는 효과도 가져왔다. 즉 대량생산이 대량 소비 현상도 수반한 것이다.

03강 이데올로기와 진지전

case 1 다음 제시문을 참고하여 그람시가 말하는 이데올로기가 무엇인지 설명하시오.

'이데올로기' 의 사전적 정의는 어떤 집단의 사상과 행동 방식을 규정하고 이끄는 관념이나 믿음의 체계이다.

모든 철학적 흐름은 '상식' 이라는 침전물을 남기는 데, 상식은 그것들의 역사적 효력을 기록한 것이다. 상식은 고정적이고 비유동적인 것이 아니라 일상의 삶으로 들어온 과학적 사고와 철학적 견해들로 풍부해지면서 스스로를 지속적으로 변형시켜 나간다. '상식' 은 미래의 민속, 즉 특정한 공간과 시간에 대한 민중의 지식의 비교적 고정된 단계를 창조하는 것이다.

– 그람시, 《옥중수고》 참고

우리가 이데올로기에 대해 제대로 말하려면, 우리는 이 말에 예술, 법, 경제 활동, 개인의 집합적 생활 표현 등에서 함축적으로 표현되는 세계관이라는 더 높은 의미를 부여해야 할 것이다.

– 그람시, 《옥중수고》 참고

국가는 시민사회의 동의를 얻기 위해서 교육, 선전, 홍보 등을 동원한다. 자신의 의사를 힘으로만 전달할 때는 진정한 동기를 얻기 힘들다. 국가가 시민사회 속에 지속적으로 여러 가지 장치와 기구를 통해 대중들의 자발적인 동의를 끌어내는 것이 무엇보다 중요한 것이다.

– 《그람시가 들려주는 헤게모니 이야기》 중에서

그람시에 따르면 헤게모니를 획득한다는 것은 자신의 '세계관'을 사회 전체의 조직에 확산시키고, 자신의 이해를 사회 전체의 이해와 동치시켜 사회생활에서 도덕적, 정치적, 지적 영역에 대한 자신의 지배력을 수립하는 것을 뜻한다. 동의에 근거한 이러한 지배는 자본주의에만 국한된 것은 아니다. 사실 어떤 형태의 지배 권력이든 튼튼한 기반을 갖기 위해서는 종속된 사람들로부터 어느 정도 동의를 얻어내야 한다.

(……)

시민사회의 제도들 — 학교, 가족, 회사, 신문, 방송 등 — 은 사회 통제의 과정에서 좀 더 핵심적인 역할을 한다.

(……)

전반적으로 권력은 눈에 띄지 않게 사회의 여러 결을 통해 확산되는 것이 바람직하다. 즉 관습이나 습관, 생활 등에서 자연스러운 형태로 '자연화' 되는 것이 바람직하다.

– 테리 이글턴, 《이데올로기 입문》 참고

생각 쓰기

case 2 그람시는 자본주의 사회에서 정치사회는 '외곽 참호'이고 시민사회는 '진지'라고 말한다. 다음 제시문을 참고해서 이를 설명하시오.

서구에서 정치사회는 외곽에 둘러쳐진 참호일 뿐으로, 그 뒤에는 요새와 진지의 강력한 체계가 버티고 있다.

– 그람시, 《옥중수고》 참고

시민사회는 근대적 전쟁에서의 참호 체계와 같다고 보면 된다. 전쟁에서는 격렬한 포격으로 적의 모든 방어 체계가 파괴된 것처럼 보이지만 실제로는 단지 외곽 주변만이 파괴된 것에 지나지 않다. 그러므로 아군 돌격병이 나아가 공격할 때 여전히 유효한 적의 방어선에서 저지되는 일이 자주 발생할 가능성이 많다.

– 그람시, 《옥중수고》 참고

서구 사회는 지배자들이 시민사회에 영향력을 행사하여 자신들의 세계관, 이데올로기, 가치관을 대중에게 전파하여 대중으로부터 자발적인 동의를 얻어냄으로써 큰 문제없이 통치를 하였던 것이다. 즉 서구 사회가 많은 문제를 가지고 있음에도 불구하고 정치권력을 확보하고 그것을 유지할 수 있었던 것은 시민사회라는 든든한 후원자가 있었기 때문이다.

– 《그람시가 들려주는 헤게모니 이야기》 중에서

생각 쓰기

case 3 **그람시는 자본주의 사회를 변혁시키는 과정, 즉 이행 과정에서는 이데올로기 투쟁이 중요하다고 보았다. 다음 제시문을 참고하여 이에 대한 그람시의 생각을 설명하시오.**

그람시가 추구한 사회를 실현하기 위해서는 시민사회에 대한 분석과 이해가 무엇보다 필요하였다. 강력한 시민사회가 버티고 있는 서구 사회를 새로운 사회로 나가도록 하기 위해서는 지금까지 없었던 전략이 필요하였다.

그람시는 그 이행 전략을 진지전으로 설명한다. 이행이란 말은 현 사회에서 새로운 사회로 옮겨 가는 것을 말한다. 즉 이행 전략은 새로운 사회로 나가기 위한 정치적 전략을 의미한다. 전쟁에서 진지는 참호와 요새로 둘러싸인 견고한 공간을 말한다. 진지전이 필요하다는 것은 시민사회에서 대중의 동의 확보가 매우 중요하다는 것을 말해 준다. 동의 확보를 위해서는 이데올로기, 사상, 의식 등에서 그들의 지지와 협력을 얻을 수 있는 작업이 필요하다.

– 《그람시가 들려주는 헤게모니 이야기》 중에서

억압받는 피지배계급은 이해관계를 실현시켜 줄 수 있는 국가를 원하게 된다. 그들은 자신들의 이해관계를 대변할 수 있는 국가를 만들기 위해 많은 대중들의 동의를 확보하는 일을 중시한다. 만약 그렇게 되면 이들은 새로운 지배계급으로 올라서게 된다. 그들은 새로운 국가 속에서 헤게모니를 중시하면서 대중들이 동의하고 따를 수 있는 세계관, 가치관, 열망, 사고방식 등을 끊임없이 시민사회 속에서 만들어 나간다. 이렇게 해서 폭력, 억압의 포대는 함락되고 새로운 국가 속에서 새로운 세력이 대중의 동의에 기반해 지도력을 획득하게 된다.

– 《그람시가 들려주는 헤게모니 이야기》 중에서

생각 쓰기

주요 개념 및 배경 지식

세계관

세계관은 인간과 사회와 전체 자연에 대한 총괄적이고 체계적인 관점과 견해를 뜻한다. 예를 들어 이 세계는 신의 뜻에 따라 움직인다고 생각하고 이런 견해에 근거해서 인간과 사회와 자연의 현상을 설명하는 사람과 이 세상의 모든 것을 물리학과 화학의 법칙에 따라 해석하는 사람은 서로 세계관이 다른 것이다. 이 말이 사용되기 시작한 것은 1800년경 유럽에서이다.

아비투어 철학 논술

예시 답안

case 1 국가는 기본적으로 지배 기구이며 따라서 정치사회의 성격을 갖는다. 정치사회란 국가의 여러 지배 관청 및 사법 제도와 연관되는 영역이다. 그런데 그람시는 국가란 정치사회로만 이루어진 것이 아니며 국가 안에 시민사회라는 또 다른 영역이 있다고 보았다.

시민사회란 사적 생활을 영위하는 개인들의 영역을 말한다. 이는 간단히 이렇게 설명할 수 있다. 국가는 국민 개개인의 모든 생활 영역에 침범해서 간섭하지는 않는다. 즉 개인이 돈을 벌고 서로 사랑을 하고 아이들과 놀고 주말에는 친구와 영화를 보고 그 영화에 관해 토론하는 일 등에 국가는 개입하지 않는다. 다시 말해 국민들에게는 국가의 간섭을 받지 않고 활동할 수 있는 영역이 보장되어 있으며, 이 영역은 개인들이 자율적으로 구성하는 영역이다. 이런 것이 바로 시민사회라고 할 수 있다. 이런 시민사회에는 교육과 종교 생활 등이 포함된다.

물론 이런 시민사회의 영역이 정치사회와 칼로 자르듯 구분되는 것은 아니다. 개인이 돈을 버는 것은 자유지만 불법으로 벌 때는 정치사회가 개입하여 처벌한다. 또 사랑하는 사람끼리 싸우다가 흉기라도 휘두르면 역시 정치사회가 개입한다. 그리고 교육도 시민들의 자율적 영역, 즉 시민사회에 국한된 문제가 아니며 정치사회 역시 개입하는 영역이다.

그렇지만 이 두 가지 영역은 분명히 구별되는 성격을 갖고 있다. 정치사회는 강제성을 기본으로 하여 국민에게 힘을 행사하는 영역인 반면, 시민사회는 국민들의 자율적 영역인 것이다. 이런 의미에서 그람시는 국가를 '정치사회 + 시민사회' 라고 규정하였다.

case 2

오늘날의 국가는 힘과 강제에 의해서만 운영되지는 않는다. 즉 정치사회의 기구나 법 제도에 의존해서만 국가를 운영하지는 않는다. 이러한 통치는 곧바로 국민들의 반발을 살 것이며, 국가에 위기를 가져올 것이기 때문이다. 오늘날의 국가는 시민사회로부터 자발적 동의를 얻어내는 방법을 병행하며, 사실상 이 방법을 더 선호한다. 국민으로부터 자발적인 동의를 얻는 것이 강제력을 동원하는 것보다 국가를 더 안정되게 지속시킬 수 있는 방법이기 때문이다.

따라서 오늘날의 발전된 국가들에서는 정치사회와 시민사회의 두 영역 중, 정치사회는 필수 불가결한 정도로만 축소되고 시민사회의 자율성이 증대되는 경향이 나타나고 있다. 그리고 이것이 바로 현대적 민주주의라고도 할 수 있다.

물론 그렇다고 해서 국가가 모든 것을 시민사회의 영역에 맡기는 것은 아니다. 국가는 일정한 지배 집단이 주도하며, 이들은 시민사회의 구성원이기도 하다. 즉 시민사회에 속해 있는 사람들 중 일정한 능력과 힘을 가진 사람들이 정치사회의 주도적 구성원이 되는 것이다. 그리고 이러한 지배 집단은 국가를 특정한 방향으로 이끌고 가려 한다. 그렇기 때문에 이들은 시민사회로부터 동의를 얻어 내려 애쓰며 이를 위해 여러 가지 방법을 동원한다. 교육이나 대국민 홍보, 언론 매체를 통한 선전 등도 그런 방법에 속한다.

case 1 그람시는 자본주의 국가의 새로운 지배 방식, 즉 대중의 자발적 동의를 얻어 통치하는 방식을 연구하는 가운데 미국의 포디즘에 큰 관심을 가졌다. 포디즘은 생산 방식의 혁신을 통해 생산 효율성을 현저히 높이고 일정한 판매 수입을 노동자들에게 배분하였다. 이러한 포디즘은 노동자들의 생활수준을 높였고 이들의 구매력을 증대시켰다. 즉 포디즘은 노동자들의 생활을 질적으로 높여 불만을 없애는 동시에 소비자층을 넓힘으로써 생산물의 시장을 확장시키는 효과를 가져왔다. 이러한 포디즘은 미국 전역은 물론 서구 사회로 점차 확산되었고, 이를 통해 전 자본주의 국가에서 크나큰 변화가 일어났다.

그람시는 포디즘이 경제 규모를 급격히 확대시키고 노동자의 생활을 향상시켰다는 점에서 긍정적인 평가를 내렸다. 하지만 포디즘이 자본주의의 모순과 문제점을 근본적으로 없애는 방법은 아니라고 보았다. 자본가와 노동자, 유산 계급과 무산 계급의 차이는 여전히 남았기 때문이다.

더 나아가 그람시는 포디즘이 노동자의 투쟁 의식을 약화시키는 결과를 가져왔다고 보았다. 노동자들이 더 이상 모두가 평등한 사회를 꿈꾸지 않고 현재의 높은 임금에 만족하는 결과가 나타났기 때문이다.

이런 맥락에서 그람시는 포디즘과 같은 것을 '수동적 혁명' 이라고 불렀다. 즉 자본주의 자체를 무너뜨리려는 '능동적 혁명' 과 달리, 자본가들이 그런 혁명을 미연에 방지하기 위해 얼마간의 양보를 감행한 '수동적 혁명' 이라는 것이다.

case 1 이데올로기란 어떤 집단 또는 사회의 구성원들이 갖고 있는 세계관, 가치관, 사고방식 등을 총칭한다. 이런 이데올로기는 가족이나 학교, 교회 또는 언론 매체 등을 통해서 전파되고 고정되고 유지된다. 예를 들어 자유민주주의에 대한 신념이나 사회주의에 대한 거부감, 우리 민족은 다른 민족의 피가 전혀 섞이지 않은 단일 민족이라는 믿음, 여자가 남자보다 여러모로 못한 존재라는 생각 등은 모두 이데올로기라고 할 수 있다. 그리고 이런 이데올로기는 집단의 사람들이 지극히 당연한 것으로 받아들이는 상식의 형태를 띨 수도 있다.

이러한 이데올로기는 그람시가 말하는 헤게모니와 밀접한 연관을 갖는다. 다수 사람들의 자발적 동의를 얻는 과정에서는 그들이 어떤 이데올로기를 갖고 있는가가 중요하기 때문이다. 지배자들은 당연히 자신들에게 유리한 이데올로기를 대중에게 주입하려 하고 그것을 유지하려 한다. 그렇게 해서 자신들에게 유리한 여론과 사회 분위기를 조성하려는 것이다

이러한 이데올로기는 부정적인 의미로 사용되기도 하고 그렇지 않기도 하다. 이데올로기는 부정적으로 사용될 때 가짜, 현혹, 거짓 믿음 등의 의미를 갖는다. 그런데 그람시는 이데올로기를 부정적인 의미로만 생각하지는 않았다. 어느 사회에나 공통된 신념이 있고 그런 신념이 교육과 문화, 종교, 언론 매체를 통해 지속적으로 공유되게 마련이기 때문이다. 하지만 그람시는 이런 이데올로기가 불변의 진리는 아니며 시간을 두고 변할 수 있는 것이라고 보았다. 그리고 전체 사회 구성원을 위해 긍정적인 방

향으로 이데올로기를 변화시키는 것이 중요한 문제라고 생각했다.

case 2 그람시는 러시아처럼 자본주의가 발전하지 않은 나라에서 혁명이 성공하고, 발전된 서구에서는 혁명이 발생하지 않는 이유가 무엇일까 생각해 보았다. 그람시는 서구 국가에는 시민사회가 견고하게 형성되어 있다는 데서 그 원인을 찾았다.

서구 국가들과 달리 러시아에서는 근대적 시민혁명이 일어난 적이 없었고 시민사회도 거의 형성되어 있지 않았다. 러시아 사회는 막강한 권력을 가진 귀족 및 성직자 계급과 빈곤에 시달리는 계급으로 양분되어 있었다. 그렇기에 빈곤한 계급이 힘을 합쳐 들고 일어났을 때 지배계급이 쉽게 무너진 것이다.

서구 사회에는 현대적 자본주의 국가 형성의 근간이 되었던 계급이 사회에서 큰 영향력을 행사하고 있었다. 그리고 이 계급을 중심 세력으로 해서 광범위한 사적 영역이 형성되어 있었다. 이 시민사회는 개인들이 서로 의견을 교환하며 여론을 형성하는 영역, 다시 말해 이데올로기가 형성되고 유지되는 영역이었다.

그리고 자본주의 국가의 정치사회는 이러한 시민사회로부터 동의를 얻고 있었다. 따라서 사회주의로의 이행을 원하는 세력이 정치사회를 아무리 공격해 봤자 시민사회가 굳건히 버티는 한 혁명을 성공시킬 수가 없었다. 즉 정치사회란 바로 눈앞에 있는 적의 '외곽 참호' 일 뿐이고, 그 뒤에는 '견고한 진지' 로서의 시민사회가 버티고 있다는 것이 그람시의 생각이었다.

case 3 그람시는 서구 사회가 자본주의에서 사회주의로 이행하기 위해서는 시민사회를 겨냥한 싸움이 불가피하다고 보았다. 그런데 시민사회는 견고한 진지와 같은 것이므로 몇 번 공격한다고 해서 무너질 수 있는 것이 아니었다. 그러므로 이행을 원하는 세력 역시 진지를 구축하고 장기전에 돌입해야 한다는 것이 그람시의 생각이었다.

그런데 시민사회가 서구 자본주의의 진지라 불리는 것은 이 사회가 자본주의 국가에 대해 자발적으로 동의하고 있기 때문이다. 그런데 만약 이행을 원하는 세력이 자본주의 국가를 대신해서 시민사회의 동의와 지지를 얻을 수 있다면 자본주의 국가는 무너질 것이다. 달리 말해 혁명 세력이 시민사회를 자신의 진지로 만들어 버리면 자본주의 정치사회라는 외곽 참호는 힘을 잃게 되는 것이다.

그러므로 혁명 세력의 장기전은 시민사회라는 진지를 빼앗기 위한 싸움이 되어야 한다. 그리고 이 싸움은 시민사회에서 지배적인 이데올로기를 서서히 몰아내고 다른 이데올로기를 전파하는 일이 될 것이다. 이런 이유로 그람시는 자본주의 사회를 변혁시키는 과정에서 이데올로기 투쟁이 중요하다고 보았다.

Abitur

철학자가 들려주는 철학이야기 016

프로이트가 들려주는 마음 이야기

저자_**박민수**

연세대학교 독문과를 졸업하고 동 대학원에서 석사 학위를 받았다. 지금은 독일 베를린 자유대학에서 '근대 미학에서 미적 가상의 개념' 이란 주제로 박사 논문을 준비하고 있다. 전문 번역가로도 일하고 있으며, 그동안 번역한 책으로는 《우리의 포스트모던적 모던》, 《데리다-니체, 니체-데리다》, 《신의 독약》, 《책벌레》, 《크라바트》 등이 있다.

주 제 탐 구

1강 원초아–자아–초자아
2강 불안과 방어기제
3강 승화

01강 원초아－자아－초자아

case 1 다음 제시문을 참고해서 프로이트가 생각하는 마음의 구조에 관해 설명하시오.

원초아: 프로이트가 말해 주는 원초아란 가장 기본적이며 태어날 때부터 존재하는 마음의 구조입니다. 간단하게 말하자면 무의식의 본능이랍니다. 원초아는 인간 마음의 밑바닥에 존재합니다. 인간의 가장 기본적인 생물적 특징들을 말하죠.

자아: 자아는 원초아를 통제하기 위한 것입니다. '본능적 욕구' 를 현실적이고 논리적으로 해결하고자 노력합니다. (……) 말하자면 자아는 마음의 경영자이며, 지적 과정과 문제 해결의 장소입니다.

초자아: 초자아는 마지막으로 발달되는 마음의 구조입니다. 자아로부터 분화되어 나온 것으로 행동의 선악을 재판하는 재판관 같은 역할을 하는 부분입니다. (……) 초자아는 원초아의 욕구의 충동을 억제하고 자아가 도덕적 목표를 추구하도록 도와주는 일을 합니다.

－《프로이트가 들려주는 마음 이야기》 중에서

생각 쓰기

case 2 다음 제시문을 참고해서 '쾌락 원칙'과 '현실 원칙'이 무엇인지 설명하시오.

'쾌락의 원칙'은 시간이나 공간에 대한 생각조차 없기 때문에 때와 장소를 가리지 않고 자기 기분대로 해야만 만족하는, 보통 생활에서는 아주 성질 급하고 보채기 잘하는 골치 아픈 문제아라고 할 수 있는 원초아라고 합니다. 왜냐하면 원초아의 최고 목표는 기분 좋은 만족감, 즉 쾌락이기 때문이지요.

– 《프로이트가 들려주는 마음 이야기》 중에서

인간이 사회 환경 속에서 성장하고 살아가는 동안에는 쾌락 원칙과 정반대되는 원칙이 작동하게 된다. 이것은 의식적이고 논리적인 사고를 포함하는 원칙이며, 이 원칙은 사회 생활을 할 수 있게 하기 위해서 즉각적 만족을 미루도록 만든다.

생각 쓰기

02강 불안과 방어기제

case 1 다음 제시문을 읽고 불안이 무엇인지 설명하시오.

"불안은 우리의 마음을 구성하고 있는 세 영역인 원초아, 자아, 초자아 사이에서 갈등이 일어났을 때 생기는 감정이라고 지난번에 말했었는데."

(……)

"하지만 무섭게 생각할 필요는 전혀 없단다. 우리가 불안을 느끼는 것은, 다시 한번 강조하지만, 자아에게 닥칠 수 있는 위험을 미리 알아서 예방하는 것이 목적이야. 그래서 대개는 자아가 확고해지고 강해지면서 불안은 사라지게 되는 거지. (……) 불안은 우리가 피하고 싶어도 피할 수도 없지만, 또 우리가 성숙하고 발전하기 위해서는 꼭 필요한 것이지. 다만 주의할 것은 불안이 자아를 짓누르거나 계속해서 괴롭히지 않도록 하는 것이지. 자아가 이런 고통에 빠지게 되면 심리치료를 받아야 하고."

"그러니까 정리하자면, 불안은 피할 수 없는 고통이지만, 또 우리에게 꼭 필요한 도전이군요. 그리고 대부분의 불안은 자아에 의해서 잘 극복되기 때문에 걱정할 필요는 없다는 것, 다만 심한 충격이나 너무 엄격한 처벌이나, 아니면 지나치게 본능을 막았을 때 생기는 불안은 무의식에 갇혀서 자꾸 되살아나기도 하고요!"

— 《프로이트가 들려주는 마음 이야기》 중에서

프로이트가 설명해 주는 마음의 구조를 떠올려 보세요. 그중 우리의 자아는 의식적 사고와 행동을 가장 직접적으로 통제합니다. 자아는 영향을 주는 세 가지 서로 다른 힘들(현실 세계, 원초아, 초자아)의 요구를 모두 어느 정도 충족시키는 방식으로 통제를 하려 노력합니다. 세 가지 서로 다른 힘들은 불안을 만들어 냄으로써 자신들의 요구를 졸라 댑니다. 여기서 불안이란, 자아가 느끼는 절박한 두려움에 따르는 불쾌함입니다.

— 《프로이트가 들려주는 마음 이야기》 중에서

생각 쓰기

case 2 다음 제시문을 참고해서 프로이트가 말하는 '방어기제'가 무엇인지 설명하시오.

"불안을 느낀 자아는 처음에는 큰 문제를 일으키지 않고 조용히 잘 해결하려고 하지. 대부분은 이렇게 해서 불안은 사라지고 자아는 현실을 관리하는 사령관으로 더욱 더 강해지지만, 뜻밖에도 불안이 자아보다 한 수 위에 있는 경우에는 좀 심각해지지. 이때의 자아는 불안을 아무리 타일러도 조용하게 해결되지 않는다는 것을 알게 되면, 어쩔 수 없이 비상수단을 쓴단다."

"비상수단이요? 자아가 어떤 비상수단을 쓰나요?"

"자아는 불안이 얼마나 세게 덤비느냐에 따라서 여러 가지 방법을 동원하지."

"아! 알았다. 혹시 아까 아저씨가 말씀하신 방어기제?"

－《프로이트가 들려주는 마음 이야기》 중에서

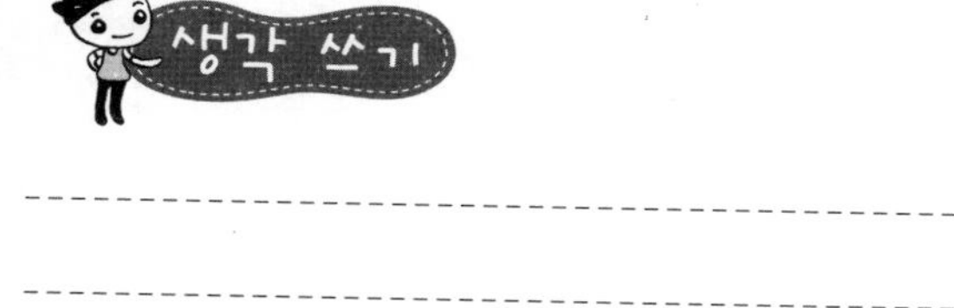

---

case 3 다음 제시문을 참고해서 '억압', '치환' '부정', '퇴행'과 같은 방어기제에 관해 간단히 설명하시오.

"그럼 억압이라는 것은 불안을 일으키는 기분 나쁜 것들을 모두 기억 밖으로 쫓아내는 일이군요. 그러니까 무의식의 지하실로 내려 보내서 평생을 거기서 지내도록 하는 것 말이에요."

"그렇지!"

아저씨는 무릎을 탁 치십니다.

"그러면 이런 경우는 어떤 건가요? 어떤 아이가 너무 미워요. 그 아인 아이들이 자기를 중심으로 모여들지 않으면 못 견디는 것 같아요. (……) 유치하고 시시해요!"

은근슬쩍 정은이에 대한 나의 심리가 어떤 것인지 여쭤 보고 싶었는데, 지난번 선생님께 불리어 갔던 사건이 떠올라 나도 모르게 화가 났어요. 어머? 귀까지 다 빨개지네요.

"지혜가 흥분하는 걸 보니, 재밌는 걸? 친구에 대한 증오를 다른 대상에 돌려서 불안을 해소하려는 기제를 치환이라고 해."

이번엔, 내 속마음을 들켜서 부끄러운 마음에 얼굴이 빨개지네요.

아저씨는 또 실제로 일어난 일을 받아들이고 싶지 않아서 절대로 인정하지 않는 '부정' 에 대해서도 말씀해 주셨지요. 예를 들면 친한 친구가 자기를 배신했을 때, 이 일을 인정하는 것이 너무 고통스러워서 그럴 리가 없다고 우기는 경우에서 볼 수 있는 거겠죠? 그리고 '퇴행' 같은 것은 어른이 되기를 거부하고 자꾸 어린아이로 돌아가려는 것이라고 하는군요. 동생이 태어나면 소외되는 것이 두려워서 아기보다 더 아기 같은 행동을 한다든지 하는 거 말이에요. 또 '고착'은 애착과 비슷한 것으로 엄마와 떨어져야 하는 아이들에게서 흔히 볼 수 있는데, 예를 들면 입학 첫날 몸이 아파서 엄마 곁에 누워 있거나 하는 행동이라는군요.

– 《프로이트가 들려주는 마음 이야기》 중에서

생각 쓰기

case 4 다음 제시문을 참고해서 '외상(트라우마)' 이 무엇인지 설명하시오.

"그런데 아저씨, 실제로 우리에게 닥치는 일이나 끔찍한 사고는 자아가 혼자 아무리 막으려 해도 안 되는 경우가 많이 있지 않을까요? 그러면 자아가 불안이 말해 주는 '조심해' 하는 말을 들어도 어쩔 수 없을 것 같아요."

"그렇단다. 그런 경우가 실제로 있는데, 특히 어린아이에게 많이 일어나지. 아이들은 외부의 위험이나 공격을 혼자서 막아 낼 능력이 없기 때문이야. 그러면 아이들은 공포에 질린 채 엄청난 고통과 충격을 당하게 되는데, 이처럼 고통을 겪는 경험은 마음속 깊이 새겨져서 무의식에 남게 된단다. 이것을 '외상(트라우마)' 이라고 하는데 외상은 상처라는 뜻이라고 이미 말했을 거다. 이런 것은 무의식에 있다가 비슷한 경험이나 충격을 받게 되면 다시 엄청난 불안으로 자아에게 소리를 치지. '외상' 이라는 경험은 그래서 특히 어린아이에게는 무서운 결과를 가져올 수 있단다. 외상을 입게 되면 정말 마음은 병이 들어서 어떤 때는 평생 동안 심하게 아프게 되니까 말이야."

"그럼 보통 하는 말인 '마음이 아프다' 는 것 말고 정말 마음이 병이 든다는 것은 우리 몸이 병이 드는 것처럼 아프게 된다는 뜻인가요?"

"불행한 일이지만 그런 뜻이지. 심하게 마음을 다쳐서 이런 고통이 무의식에 갇히면 일종의 '정신병' 이 생겨서 치료를 받아야지."

– 《프로이트가 들려주는 마음 이야기》 중에서

생각 쓰기

03강 승화

case 1 다음 제시문을 읽고 프로이트가 말하는 '승화'에 관해 설명하시오.

"그렇단다. 자아가 발전하게 되면 충동적이고 본능적인 에너지를 창조적인 일로 돌려서, 큰 성공을 거두려고 노력하게 된다. 그래서 흔히 여러 가지 고통을 겪은 사람들이 오히려 성공한 삶을 살지 않니? 이것을 '승화'라고 한단다."

승화라는 말은 어쩐지 아저씨가 지금까지 설명하신 것보다 한 차원 높은 것 같은데요?

"승화라고 하는 것은 말 그대로 지금 당장 채워지지 않은 욕구를 더 차원이 높고 가치 있는 것으로 발전시키는 것이지. 그래서 억압된 본능적인 소원을 무조건 참고만 있는 대신에 참고 견디는 데 필요한 에너지를 더 많은 지식을 얻거나 봉사 활동을 한다거나 아니면 어떤 창조적인 일, 즉 예술 활동을 하는 데 써서 불안을 이겨낸다는 뜻이야. 이런 식으로 억압된 본능을 해결하면 본능은 더 이상 멋대로 소리 지르면서 의식과 자아를 괴롭히는 훼방꾼이 아니라고 볼 수 있을 거야."

"아하! 일찍 헤어진 엄마에 대한 소망을 담아서 성모 마리아를 세계적 예술품으로 그려 낸 레오나르도 다 빈치가 바로 그런 예가 될 수 있겠네요?"

"오호, 제법인 걸? 그럼 문제 하나 내 볼까? 그런데 이렇게 다빈치와 달리 억압된 욕구를 승화시키지 못하고 그대로 무의식 속에 가두어 두고 자신을 망가뜨리거나, 남에게 피해를 주는 사람들도 많아. 그렇다면 지혜는 무엇으로 인해서 이렇게 두 가지 방향으로 나누어진다고 생각하니?"

"아저씨, 그건 너무 쉽게 풀 수 있는 질문이네요. 그것은 자아라고 생각해요. 자아가 이런 갈등을 이겨 낼 만큼 강하다면 승화 방향으로 가는 것이고, 자아가 억압된 본능을 이겨 내지 못하면 반대로 갈 것이라고 생각해요."

"너무나 쉬운 문제를 냈나? 내가 지혜를 너무 과소평가한 모양이야. 그렇다면 조금 더 어려운 문제를 내 볼까? 이렇게 억압된 본능은 인류가 살아가는 데 어떤 역할을 할까? 내 말을 이해하겠니? 내 말은 억압과 인류의 역사가 어떤 관계가 있느냐, 하는 뜻이야."

하고 싶은 것을 참는 것과 수백만 년 동안 이어진 인류의 생활과의 관계? 처음에는 너무나 거창하게 들려서 이거 너무 어려운 데 하는 생각이 들었지만, 조금 더 생각해 보니 답이 보이네요.

"음, 조금 어렵다는 생각이 들긴 하지만, 제 생각을 말씀드릴게요. 생명이 있는 모든 것들은 본능적인 욕구가 있고, 누구나 그 욕구를 채우려 한다고 하셨잖아요? 그런데 동물은 아무 거리낌 없이 본능을 채울 수 있지만, 사람은 그렇게 해서는 안 되는 것이니까, 싫어도 어쩔 수 없이 참는 것을 배우면서 본능을 억압한다고 하셨어요. 그렇지만 이렇게 억지로 억압된 본능은 마음을 병들게 하고 결국은 우리를 망가지게 할 수도 있잖아요? 그래서 더 훌륭한 일을 함으로써 억압된 본능을 풀어서 해소하는 거예요. 이렇게 할 줄 아는 생명체는 사람뿐이고, 승화가 계속 수천 년 동안 이루어져 왔겠지요? 아! 알겠어요. 억압으로 인해서 꼭 나쁜 것만 생기는 것이 아니고 예술, 운동, 지식의 발달 등이 이루어지니까, 결국 억압은 인류 문화와 문명의 뿌리인 것 같아요. 즉 억압은 승화를 낳고 승화는 창조적인 결과를 가져오니까요."

– 《프로이트가 들려주는 마음 이야기》 중에서

생각 쓰기

Note& guide 주요 개념 및 배경 지식

레오나르도 다 빈치

레오나르도 다 빈치(1452~1519)는 이탈리아의 천재 화가이자 조각가, 건축가이다. 다 빈치의 작품은 대부분 소실되어 현재까지 남아 있는 것은 소수이다. 그가 남긴 주요 작품으로는 〈최후의 만찬〉, 〈암굴의 성모〉, 〈앙기아리 전투〉, 〈모나리자〉 등이 있다.

아비투어 철학 논술

예시 답안

case 1 프로이트는 인간의 마음이 원초아와 자아 그리고 초자아로 나누어져 있으며, 이 세 영역이 서로 영향을 주고받는 것이 마음의 움직임이라고 설명한다.

원초아는 인간이 태어날 때부터 지니고 있는 원초적인 '무의식'의 영역이다. 즉 원초아는 본능적이고 이기적인 욕구로 이뤄진다. 그러나 아이가 성장하는 과정에서는 자신의 이기적 욕구를 즉각적으로 충족시키는 것이 어렵다는 것을 깨닫게 되며, 현실에 적응하기 위해 원초아를 억압하는 것을 배운다.

'자아'는 의식 활동이 이뤄지는 주요 영역이다. 자아는 현실이 무엇인지를 인식하고 합리적이고 현실적인 판단을 내린다. 자아는 원초아와 초자아 그리고 외부 현실의 요구 사이에서 중재를 한다. 자아는 원초아에 비해 약한 에너지를 갖고 있는 듯하지만 훨씬 잘 조직되어 있고 합리적이다.

초자아는 어린아이에게서 맨 마지막에 형성되는 마음의 영역이다. 초자아는 주로 아이의 부모나 아이를 돌보는 사람 그리고 교사 등의 영향을 받고 형성된다. 즉 이 영역은 현실의 가치와 규범과 윤리가 뿌리를 내리는 곳이다. 인간이 어느 정도 성장하면 죄의식과 양심을 갖게 되고 또 누군가 자신을 지켜본다는 느낌을 갖게 되는 것은 초자아로 인해서이다.

자아는 원초아와 초자아의 요구 사이에서 합리적 판단을 내리려 한다. 이때 양쪽 요구를 모두 완화시키거나 한쪽 요구만을 들어 주고 다른 쪽 요구는 그 충족을 지연시키거나 하며 어떤 요구는 억압하기도 한다.

case 2 쾌락원칙이란 소망의 즉각적 만족을 추구하고 그 외에 다른 것은 전혀 고려하지 않는 원칙을 말한다. 모든 자연적 충동과 기본적 욕구는 이 원칙에 따른다. 그러므로 쾌락원칙은 무의식적 원초아와 연관된 원칙이며 인간이 출생한 직후부터 인간을 지배한다.

반면에 현실원칙은 인간이 사회적 현실에서 성장하는 가운데 습득하는 원칙으로, 쾌락원칙과는 정반대의 원칙이다. 이 원칙은 쾌락보다 현실을 더 중요하게 여긴다. 다시 말해 일상 생활을 유지하기 위해서 욕구나 충동의 즉각적 만족을 미루게 하는 원칙이다.

인간이 태어날 때는 오로지 원초아의 지배를 받으며, 따라서 이때는 쾌락원칙이 인간을 움직이는 힘이 된다. 하지만 인간이 성장하면서 자아가 점차 발전하고 이 자아가 사회 현실의 요구를 받아들일 수밖에 없게 되면, 즉 초자아가 형성되면 현실원칙이 쾌락원칙에 맞서기 시작한다.

주제탐구 02강 불안과 방어기제

case 1 불안은 원초아와 자아, 초자아 사이에서 갈등이 생겼을 때 자아가 느끼는 마음 상태이다. 자아 외부의 현실 역시 자아에게 불안을 느끼게 할 수 있다. 우리의 삶에서 마음의 세 영역과 현실이 아무런 부조화 없이 평화의 상태에 머무는 경우는 드물 것이다. 따라서 불안은 인간의 삶에 부단히 존재하는 마음의 현상으로 보는 것이 타당하다. 그리고 인간은 성장하여 자아가 강력해지면서 이 영역들의 요구를 적절히 제어하는 요령을 터득한다. 불안을 다스리고 약화시키는 방식을 나름대로 발전시키는 것이다. 이런 점에서 불안은 인간의 성장 및 발전과도 긴밀한 연관을 맺고 있다.

그러나 인간이 언제나 불안에 쉽게 대응할 수 있는 것은 아니다. 불안은 때로 너무 강력해서 자아를 궁지에 몰아넣을 수도 있다. 그리고 불안의 이런 강력함과 약함이란 자아의 성숙도와 관련된 문제이기도 하다. 자아가 미성숙할 때에는 사소한 불안도 감내하기 어려울 수 있다. 이런 경우에는 자아가 손상을 입고 우리는 정신적 고통을 겪게 된다.

요컨대 불안은 인간에게 불가피한 것이고 인간의 성숙 · 발전과 연관하여 긍정적인 효과를 갖는 것이기도 하지만, 지나친 불안은 인간에게 심적 부담이 될 수 있다.

case 2 어떤 현실에 직면해서 우리 마음속에서 원초자와 자아, 초자아의 균형이 붕괴되는 경우가 생길 수 있다. 다시 말해 현실이나 원초아나 초자아의 요구가 지나치거나 이런 원인들이 복합적으로 작용해서 강력한 힘을 발휘하면 자아는 중재 능력을 상실하게 된다. 자아가 위기에 처하는 것이다. 이런 상황에 몰리면 우리 마음속에서는 자동적(무의식적)으로 안전장치가 가동되어 자아를 살리려 한다. 이러한 안전장치를 프로이트는 방어기제라고 불렀다. 방어기제는 주로 자아로 하여금 스스로 속이게 하거나 현실을 부정하게 하거나 현실에 대한 지각을 왜곡시키는 방식 아니면 원초아의 요구를 억압하는 등의 방식으로 작동한다. 요컨대 방어기제란 불안으로부터 자아를 보호하기 위해 우리 마음속에서 작동하는 메커니즘으로, 자아로 하여금 다양한 도피책을 쓰게 만드는 전략이라고도 말할 수 있다.

case 3 억압—억압은 가장 흔히 사용되는 방어기제이다. 불편한 경험이나 느낌, 욕구 등은 억압을 통해 무의식에 저장된다. 그러므로 억압은 일종의 망각으로 고통스러운 감정이나 기억을 묻어버리는 방식이다. 억압은 우리의 마음에서 흔히 일어나는 것으로, 대표적인 사례로는 심리적 기억상실증을 들 수 있다. 즉 고통스러운 사건을 체험한 후 그 일과 주변적 상황 모두를 완전히 망각하는 증상은 방어기제로서의 억압을 잘 보여주는 예이다.

치환—치환은 억압의 결과로 생겨나는 방어기제이다. 치환은 분노와 같은 감정을 제대로 표현하지 못하고 계속 억압하다가 나중에 원래 상황과 관계없는 대상에 이를 표현하는 방식의 방어기제이다. 예를 들어 부모님께 억울하게 야단을 맞고 몹시 화가 났으나 부모님께는 아무 말도 하지 못한 채 학교에 가서 공연히 같은 반 친구에게 시비를 걸고 무지막지한 폭력을 행사한다면 이는 치환에 해당된다. 또 선생님의 관심과 사랑을 받고 싶은 욕구가 공연히 말썽을 피워 주목을 끌려는 형태로 표출되는 것도 치환이라고 할 수 있다.

부정—부정은 억압과 밀접하게 연관된 방어기제이다. 하지만 억압이 주로 내적인 감정을 망각하려 한다면, 부정은 주로 현실의 사건을 인정하기를 거부한다. 예를 들어 아들이 죽었다는 소식을 들은 부모가 그 사실을 믿으려 하지 않는 것은 부정이다. 이러한 부정은 단기적인 차원에서는 정신 건강을 위해 좋을 수도 있다. 그러나 장기적인 방어기제가 되면 위험한 결과를 가져오기도 한다. 예를 들어 자신이 병에 걸렸다는 사실을 두려움으로 인해 부정하는 태도는 치료시기를 놓치게 하는 결과를 가져올 수 있다.

퇴행—퇴행은 현재보다 편하고 안전하게 느껴지는 어린 시절의 발달 단계나 행동으로 돌아가는 방식의 방어기제이다. 비근한 예로 정상적인 어른들도 몸이 아프면 어린애 같은 태도를 보이는 경우가 그렇다. 동생을 보게 될 아이가 자신에게 더 많은 관심을 집중시키고자 할 때 이런 태도를 보이기도 한다.

case 4 외상(外傷)은 원래 신체 외부에 생긴 상처를 뜻하는데, 프로이트가 이 개념을 정신 영역에 적용해서 사용한 것이다. 프로이트가 말하는 외상은 이런 것이다. 강력하고 불쾌한 체험이 자아를 위협해서 자아가 심각한 위기와 불안에 처하면 우리의 마음은 이를 무의식의 세계로 옮겨 버린다. 즉 억압을 통해서 자아를 구해내는 것이다. 이때 자아가 겪은 불쾌하고 강력한 체험, 즉 자아에게 상처를 준 체험을 외상이라고 부른다. 그런데 이 외상은 무의식에 남아 있다가 자아가 유사한 경험이나 충격을 받으면 자아를 압박한다. 이 경우 우리의 의식은 불안의 정체를 파악하지 못하지만 사실은 무의식에 있는 외상이 도지는 것이라고 할 수 있다. 예를 들어 어린 시절 부모님에게 호되게 얻어맞은 사건이 있을 경우, 우리는 대개 자라면서 그 사건을 잊지만 무의식에는 그 상처, 즉 외상이 남아 있다. 그리고 그 외상이 특정한 순간에 마음에 영향을 주어 스스로가 이해할 수 없는 행동을 하게끔 한다. 또 전쟁터에서 극심한 공포와 불안을 경험한 병사는 전쟁이 끝난 후에도 심적인 고통을 겪을 수 있다. 예를 들어 어딘가 숨어 있는 저격병 때문에 공포에 시달린 병사는 전쟁이 끝난 후 일상 생활을 하다가도 이유를 알 수 없는 극심한 공포를 느낄 수 있다. 이것은 마음속의 외상에 기인하는 증상이다.

case 1 승화도 프로이트가 말하는 방어기제 중 하나이다. 자아가 원초아와 초자아와 현실 사이에서 중재하는 과정에서 자아는 원초아의 소망을 적절히 충족시키기도 한다. 이때 우리의 마음은 짧은 순간 쾌락과 행복을 경험한다. 그러나 원초아의 무의식적 욕구를 제어해야 하는 경우에는 방어기제를 사용한다. 프로이트에 따르면 여기에는 부정적 형식과 긍정적 형식이 있다. 부정적 형식으로는 억압이 대표적이며, 치환, 부정, 퇴행, 합리화 등도 모두 여기에 속한다. 그러나 자아는 무의식의 소망과 욕구를 사회 · 문화적 활동으로 이끌기도 한다. 즉 자아가 원초아의 욕망을 사회가 승인할 수 있는 생산적 방향으로 변화시키는 것이다. 이것을 프로이트는 승화라고 부른다.

인간 사회 안에서 인간 개인이 본능적 소망을 온전히 충족시키며 살기는 어렵다. 다시 말해 인간이 사회를 이루며 살기 위해서는 방어기제의 가동은 불가피하고 항존할 수밖에 없는 것이다. 그런데 바로 이런 방어기제의 맥락에서 인간은 자신의 욕구를 승화시키는 방식을 취하기도 한다. 그리고 프로이트에 따르면 인간의 문명과 문화, 예술과 문학은 모두 이러한 승화의 결과물이다.

Abitur

철학자가 들려주는 철학이야기 017

묵자가 들려주는 겸애 이야기

저자_**유성선**
현재 강원대학교 철학과 교수로 재직 중이다.

주 제 탐 구

1강 묵자의 하늘
2강 묵자의 공인 의식
3강 묵자의 절용과 절장
4강 묵자의 상동과 상현
5강 묵자의 겸애와 비공
6강 묵자의 역사관

01강 묵자의 하늘(天)

case 1 다음의 글은 묵자의 하늘(天)에 대한 생각을 엿볼 수 있게 한다. 묵자가 하늘(天)을 생각하는 근본적인 이유는 무엇인지 설명하시오.

그렇다면 어떻게 하늘이 천하 백성을 사랑하는것을 알 수 있을까? 하늘이 널리 밝혀 주기 때문이다.

어떻게 하늘이 널리 밝혀 주는 것을 알 수 있을까? 하늘이 널리 백성을 품고 있기 때문이다.

어떻게 하늘이 널리 품고 있는 것을 알 수 있을까? 하늘이 널리 공물을 받고 있기 때문이다.

– 《묵자》, 〈천지 상(上)〉 편 참고

하늘의 뜻은 다음과 같은 일을 원하지 않는다. 대국이 소국을 침략하는 일, 대가(大家)가 소가(小家)를 어지럽히는 일, 강자가 약자를 괴롭히는 일, 지혜로운 자가 어리석은 자를 속이는 일, 귀한 자가 천한 자를 업신여기는 일 등이다.

– 《묵자》, 〈천지 중(中)〉 편 참고

생각 쓰기

Note&guide

주요 개념 및 배경 지식

1 동양의 천(天)사상

동양에서 하늘에 대한 사상은 세 가지로 분류할 수 있다.

첫째는 인격적인 하늘이다. 하늘은 사람과 같은 감정과 의지를 가지고 있어서 세상일에 때론 분노하고 때론 즐거워한다. 하늘은 백성들에게 눈을 맞춰 그들의 아픔을 달래 준다.

둘째는 자연적인 하늘이다. 세상의 흐름에 맞춰 늘 변화하지만 억지로 무엇을 이루려고 하지는 않는다. 인간의 삶을 그저 넉넉하게 바라볼 뿐이다.

셋째는 법칙이 있는 하늘이다. 특히 유교적인 의미의 이(理)로서 하늘을 의미한다. 세상 모든 작용의 원인이며, 만물을 태어나게 했고, 지금도 변화하도록 에너지를 공급하는 원리로 작용한다.

2 하늘의 뜻(天志)

하늘이 의지를 갖고 있다는 것은 하늘이 인격적이라는 의미이다. 하늘도 생각이 있어 그 생각을 펼치기 때문에 인간은 하늘의 뜻에 따라야 하며 하늘의 뜻을 거스르면 불행해진다. 하늘의 뜻이란 무엇인가? 사람들은 자신의 의지를 하늘이란 이름으로 대치했다. 자신의 의견이 비난받을까 봐 두려워 하늘의 뜻이라고 말한다. 누가 하늘의 뜻이라고 말하느냐 하는 것이 중요하다.

3 묵자의 하늘

묵자는 백성을 위해서 하늘의 역할이 중요하다고 생각했기 때문에 하늘을 언급한다. 하늘이 불의한 모든 것들에게 벌해 주기를 원하는 바람에서 출발한다. 묵자가 보는 하늘은 모든 사람을 차별 없이 극진히 사랑해 준다. 지배층의 하늘과 백성들의 하늘이 다르지 않다고 주장한다.

case 2 **다음 글은 묵자가 하늘에 대해 언급하면서 묵자 주변에 모여든 백성들에 대한 시각을 반영하고 있다. 우리는 여기서 묵자의 논리의 기준을 발견할 수 있다. 법과 정의라는 측면에서 묵자의 하늘에 대한 생각을 정리하시오.**

내가 천지(天志)를 갖고 있음은 비유컨대 바퀴를 만드는 기술자가 걸음쇠를 가지고 있는 것이나 장인이 곡척을 갖고 있는 것과 같다. 그들은 걸음쇠와 곡척을 가지고 세상의 사각형이나 동그라미를 재보면서 말하기를 들어맞으면 옳고 들어맞지 않으면 잘못된 것이라 한다.

– 《묵자》, 〈천지 상(上)〉 편 참고

그렇다면 하늘은 무엇을 원하고 무엇을 싫어하는가? 하늘은 의(義)를 원하고 불의(不義)를 싫어한다.

– 《묵자》, 〈천지 상(上)〉 편 참고

오늘날 제후는 모두 침략과 공격 전쟁을 행하고 있다. 이것은 허물없는 사람을 살해하는 것보다 수천만 배의 불의에 해당한다.

– 《묵자》, 〈천지 상(上)〉 편 참고

생각 쓰기

Note& guide

주요 개념 및 배경 지식

1 논리의 기준

논리란 우리가 생각하고 말하는 법칙을 말한다. 서양의 논리학은 일찍이 고대 그리스의 아리스토텔레스의 형식논리학에서 비롯되어 현대에 이르기까지 다양하게 발전되었다. 반면 동양은 서양에 비해 논리가 적고 애매한 것으로 평가하는 사람이 많다. 하지만 알고 보면 비록 무의식적이라고 하더라도 생각하고 말하는 가운데 논리가 없을 수는 없다. 다만 민족에 따라서 문화와 언어가 다르기 때문에 모든 논리가 반드시 같지 않을 뿐이다.

묵자의 논리학은 오늘날 관점에서 보더라도 대단히 훌륭한 것으로 평가되고 있다. 《묵자》라는 책에 보면 거의 모든 대화의 논리 기준은 본(本),원(遠), 용(用) 삼표이다. 이 세 가지 기준 가운데 특히 국가와 백성의 이익에 근거를 두는 것은 오늘날 실용주의적 관점과 유사하다. 그들이 하느님의 존재를 증명하면서도 운명을 부정하는 것도 이와 밀접한 관련이 있다.

2 척도

어떤 가설에 근거하여 본래 질적인 내용을 지닌 여러 속성을 수량적인 변수로 바꾸어 놓은 표지를 말한다.

S. S. 스티븐스는 이 척도를 네 가지 유형으로 분류한다. 첫째로 명목척도(名目尺度)이다. 이것은 서로 대립되는 범주로 분류하는 태도로 농촌형과 도시형이라는 분류가 그 한 예이다. 둘째로 서열척도(序列尺度)이다. 이것은 대상을 어떤 변수에 관해 서열적으로 배열할 경우를 말한다. 예를 들어 사람의 키 순서대로 배열하는 것 등이다. 셋째로 간격척도(間隔尺度)가 있다. 이것은 크기 등의 차이를 수량적으로 비교할 수 있도록 수를 표시하여 배열하는 방식이다. 넷째는 비율척도(比率尺度)이다. 이것은 절대영점(기준점)을 고정시켜 비율을 알 수 있게 만든 척도로 기준에 대해 어느 정도 높고 낮은지를 표시하는 방법이다.

02강 묵자의 공인(工人) 의식

case 1 다음 제시문은 묵자의 노동관과 공인 의식을 엿보게 한다. 이것은 묵자 사상의 중요한 기반이 된다. 묵자의 공인 의식에 대해 서술하시오.

"우리가 지금 이렇게 열심히 일하는 이유는 다른 사람에게 좋은 일 시키자는 것이 아니라, 열심히 일하면 그 대가가 우리에게 돌아오기 때문이란다. 짐승들은 일을 하지 않지? 사람은 본래 고라니와 사슴 또는 새 같은 짐승들과 달라. 날짐승 길짐승은 모두 자신의 날개와 털을 옷으로 이용하니 옷을 살 필요가 없고, 굽과 발톱을 신발로 이용하니 신발도 필요 없고, 숲 속에 가면 늘 있는 물과 풀을 먹고 살지. 따라서 수컷이라도 밭갈이나 씨 뿌리는 일을 하지 않아도 되고, 암컷 역시 바느질하고 옷을 만들지 않아도 먹고사는 데 지장이 없단다. 그러나 사람은 동물들과는 다르단다. 열심히 일하는 사람만이 먹고살 수 있어. 그러니 너도 여기 사람들처럼 일을 해서 네 스스로 먹을 것을 마련해야 해. 그렇지 않으면 남의 이익을 빼앗는 도적질과 다를 바가 없단다."

– 《묵자가 들려주는 겸애 이야기》 중에서

생각 쓰기

주요 개념 및 배경 지식

1 묵자의 직업

많은 학자들이 묵자가 태생이 미천한 평민이라는 데 동의한다. 묵이라는 글자가 성이 될 수가 없다는 점을 들어 그가 전과자의 후손이라는 주장도 있다. 지방에서 숨어 지내던 그의 집안이 차츰 학문을 통해 일가를 이루면서 묵자라 부르던 것이 성이 되었다는 추측도 있다. 사농공상이 일반적인 계급이었다면 나막신을 만들거나 돗자리를 엮는 수공업자인 묵자의 집은 더욱 미천한 집안이었을 것으로 생각된다.

2 장인정신

장인정신이란 책임의식과 직업의식으로 자기가 하고 있는 어느 한 가지 기술을 소화해 내는 것을 말한다.

case 2 묵자는 반문화주의자라는 비난을 받기도 한다. 음악과 문화에 대해 비판적이었기 때문이다. 다음의 인용문을 읽고 묵자의 공인 의식과 반문화주의의 관계를 서술하시오.

자기 노동에 의지하는 자는 살고, 자기 노동에 의지하지 못하는 자는 살 수 없다.

– 《묵자》, 〈비악 상(上)〉 편 참고

자신이 노동하지 않으면서 그 성과를 얻는 것은 자기 소유가 아닌 것을 취하는 것과 같다.

– 《묵자》, 〈천지 하(下)〉 편 참고

배는 물 위에서 사용하고, 수레는 육지에서 사용한다. 위정자는 다리를 쉬게 할 수 있고, 백성은 어깨와 등을 쉬게 할 수 있다. 따라서 백성들이 재물을 공출하여 주더라도 조금도 원망을 하지 않는 것은 무슨 까닭인가? 그것은 도리어 백성들의 이익에 부합하기 때문이다. 그러므로 악기가 도리어 민중의 이익에 부합한다면 나도 감히 비난하지 못할 것이다.

– 《묵자》, 〈비악 상(上)〉 편 참고

생각 쓰기

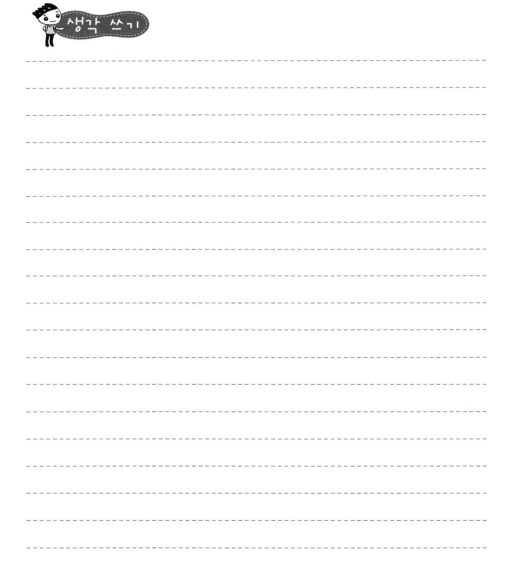

Note& guide

주요 개념 및 배경 지식

1 노동요

일의 리듬을 살리기 위해서 부르는 노래 또는 노동에 대한 내용을 가사로 한 노래를 지칭하는 단어이다.

일차적으로 노동요는 다양한 직업의 노동자들이 부르는 노래를 말한다. 노동요의 유형을 보면 노동의 힘겨움을 잊기 위해 부르는 흥얼거림으로부터 정치적 의식을 가지고 노동의식을 고취시키기 위해 부르는 노래까지 다양하다. 대부분의 노동요는 구전되었는데 대다수의 노동자 농민이 문맹이었거나 현장에서 일어나는 생동감을 음으로 표현한 것이어서 문서로 정리하는 작업이 이루어지지 않았기 때문이다.

노동요는 대개 반복되는 작업의 지루함을 덜기 위해서 부른다. 일정한 리듬을 계속 유지해 노동의 효율을 높이기 위해서 부르기도 한다.

2 문화

가장 많이 듣는 단어 중의 하나이지만 정의하기 까다로운 개념 중의 하나이다. 시대에 따라, 학자의 주장에 따라 문화의 정의는 다양하다. 기본적으로 인간과 동물을 구분하는 중요한 요소라는 것만 동의할 뿐이다. 문화는 인간의 관례, 습관,

신앙, 언어 등 활동하는 모든 것을 포함한다. 자연 그대로의 상태를 직접 이용하는 것을 제외하고 모든 것을 문화라고 할 수 있다.

문화의 이론은 크게 보편주의적 접근과 상대주의적 접근으로 구분한다. 문화는 일단 확보되면 생명력을 가지고 있어 전달 또는 확산되고 발전한다. 이처럼 문화는 인간의 생활 안정과 지속성 확보를 위해 더욱 발전해 나간다고 보는 입장이 문화에 대한 보편주의적 관점이다. 한편 모든 인간 사회는 각각 고유의 사회문화적 체계를 지니고 있다는 가장에서 접근하는 것이 상대주의적 관점이다. 문화상대주의적 관점이 호소력을 얻으려면 인간 집단이 동일선상에서 출발했고 차이는 있지만 둘러싼 환경 조건들이 평등하다는 가정에서 출발해야 한다.

03강 묵자의 절용(節用)과 절장(節葬)

case 1 다음은 묵자의 근검절약 정신을 엿볼 수 있는 문장들이다. 묵자가 절용을 생각했던 근본적인 목적이 무엇이었는지 논술하시오.

"성인이 크게 천하를 다스린다면 천하의 이익이 두 배가 될 것이다. 그 두 배는 밖으로 땅을 얻어서가 아니다. 그 나라에서 쓸모없는 비용을 없앰으로써 두 배가 될 수 있다. 성왕이 정치를 할 때는 정명을 발하고 사업을 일으킴에 있어 백성의 편리를 헤아려 재물을 사용하기 때문에 이익을 증가시키지 않는 일을 하지 않는다. 따라서 재물의 사용에 낭비가 없고 민생에 피폐하지 않으며 이익을 일으키는 것이 크다."

– 《묵자》, 〈절용〉 편 참고

"옛날의 성왕은 궁실을 지을 때 단지 생활의 편의를 고려하였을 뿐 결코 보고 즐기기 위하여 짓는 일이 없었다. 그러므로 궁실을 짓는 법은 이롭지 않는 것에는 비용과 노력은 들이지 않는 것이다."

– 《묵자》, 〈절용〉 편 참고

"쓸데없는 비용을 없애는 것은 성왕의 도이며 천하의 큰 이익이다."

– 《묵자》, 〈절용〉 편 참고

생각 쓰기

Note&
guide

주요 개념 및 배경 지식

사치와 낭비의 기원

인류에게 있어 사치의 기원은 원시 시대로 거슬러 올라간다. 원시 시대의 사치는 공동체 결속을 위한 아낌없는 나눔이었다. 지위가 높으면 덕도 높아야 한다는 믿음으로 공동체의 대표는 축제를 통해 재물을 나누고 새 출발을 다짐했다. 사회적 사치와 낭비, 그리고 기부 문화의 시작이다.

case 2 묵자는 화려한 장례 문화에 대해 문제를 제기한다. 다음 글은 장례의 폐단을 언급하고 있다. 장례의 문제점을 분석하고 묵자의 시점에서 대안을 제시하시오.

옛날 성왕이 절장(節葬)의 법을 다음과 같이 만들었다. 수의는 세 벌로써 시체가 썩을 수 있도록 하고, 관의 두께는 세 치로써 뼈가 썩을 수 있도록 하고, 묘혈의 깊이는 샘과 통하지 않게 하고, 냄새가 겉으로 스며 나오지 않을 정도로 그친다. 죽은 자를 매장하면 산 자는 오랫동안 상복을 입고 지내거나 슬퍼하지 않는다.

–《묵자》, 〈절용 중(中)〉 편 참고

훌륭한 선비가 상을 치룰 때는 반드시 부축을 받아서 일어나고 지팡이에 의지하여 걸으면서 삼 년을 지낸다. (……) 후장(厚葬)을 살펴보면 재화를 지나치게 매장한다. 구상(久喪)을 살펴보면 오랫동안 일을 못하게 한다. 만들어진 재화는 땅에 파묻어 버리고, 살아남은 사람은 오랫동안 일을 못하게 한다.

– 《묵자》, 〈절용 하(下)〉 편 참고

생각 쓰기

Note& guide

주요 개념 및 배경 지식

1 장례

상례라고도 하는데 죽은 자를 장사지내는 예법을 일컫는 말이다. 죽은 자를 정중하게 대하는 것은 세계 어느 종족이나 민족을 막론하고 공통적이다. 그러나 세부적 절차와 의미는 종족의 수만큼이나 다양하다. 우리나라의 경우 삼국 시대 이래 불교와 유교적인 예법이 혼용되다가 고려 시대에는 불교식, 조선 시대에는 유교식 장례가 보편화되었다. 중국에서 예법들이 들어오기도 했지만 우리나라 실정에 맞지 않는 것은 수정, 보완하여 새로운 전통을 만들어 냈다. 지방마다 또는 집안마다 작은 차이를 보이기도 한다.

2 삼년상

아들이 부모의 상(喪)에는 3년 동안 거상하기 때문에 생긴 말이다. 유교의 전통에 따르면 아버지가 돌아가셨을 때, 아들은 참최복(斬衰服)을 입고 3년 동안 거상한다. 어머니가 돌아가시면 자최복(齊衰服)을 입고 3년 동안 거상한다. 만일 아버지가 살아 있고 어머니가 돌아가셨다면 상기를 단축하여 1년 동안 거상한다.

삼년상 동안 산소 근처에 초막을 짓고 신주(神主)를 모시고 거처한다. 아침저녁으로 '상식(上食: 식사 올리기)'을 올리고, 초하루와 보름에 삭망전(朔望奠)을 지내며, 밖에 나가면 영좌(靈座)에 나아가 고하고 들어 오면 고하여서 마치 살아 있는 부모를 대하듯이 섬기기를 3년 동안 한다. 이 기간 동안 밖으로 다닐 때에는 하늘을 볼 수 없는 죄인이라 하여 머리에 방립(方笠)을 쓰고 포선(布扇)으로 얼굴을 가린다. 그리고 술과 고기를 먹지 않는다.

부모가 돌아가신 지 두 돌이 되어 대상(大祥)을 지낼 때 상복을 벗고, 신주를 사당에 옮겨서 거상을 마친다. 그러나 여전히 흰 옷을 입고 술과 고기를 먹지 않는다. 대상을 지낸 다음 다음 달에 담제(潭祭)를 지내고 나서야 비로소 탈상한다.

case 3 유가도 묵가처럼 사치스러운 생활을 반대하였다. 그러나 유가의 절검은 묵가의 절용과는 큰 차이를 보인다. 다음 제시문을 읽고 유가의 절검과 묵가의 절용이 어떤 차이를 갖는지 기술하시오.

유가들은 물질과 이(利)를 존귀하게 여기지 않았지만 묵자는 물질적 진보를 중시했다. 묵자가 주장한 '절용'은 유가들이 말하는 절검과는 다른 것이다. 묵자의 '절용'은 절검의 의미 외에 물질을 그 본래의 목적인 민중의 이용후생에 한하여 사용해야 한다는 의미를 내포하고 있다. 묵자는 인간이 환경에 의해 물들여진 의식에 따라 물질을 소비한다고 보고, 사회 제도를 이러한 물질의 소비 형식으로 파악했다.

묵자는 민중들이, 지배자들의 소비 형태에 물들어 물질을 그 본래 목적을 초과하여 소비하는 비실용적이고 무가치한 낭비를 오히려 고귀한 문화라고 착각하고 있다고 보았다.

생각 쓰기

주요 개념 및 배경 지식

1 상부 구조와 하부 구조

사회 여러 계급의 분포 상태와 계급간 역관계(力關係)의 체계를 계급 구조라 한다. 계급 구조는 사회 구조의 실질적 내용을 이루며, 그 분석에 있어서 중요한 개념이다.

마르크스는 계급 구조에서 생산수단의 소유 여부에 따라 두 개의 계급을 구분하고 상호 관계를 다루었다. 그는 상부구조에 자리하고 있는 부르주아지와 하부구조에 몸담고 있는 프롤레타리아트간의 경제적 착취 관계 및 이를 유지, 보강하는 정치 사회적 지배 관계를 선명하게 밝혀내고자 하였다.

2 물화(物化)

일반적으로 물화(物化) 또는 물상화(物象化)라고도 하는데, 대개 다음의 세 가지로 정리된다. 첫째, 인간 그 자체의 물화이다. 이것은 인간이 노예 상품이나 기계 체계의 일부로서 구성되어 있는 상태를 가리킨다. 둘째, 인간 행동의 물화이다. 모든 개인의 자유 의지로는 어쩔 수 없는 사람의 흐름이나 집단화된 사람의 움직임, 또는 행동 양식의 습관적 고정화 등, 자기의 행동을 개개 인간의 힘으로는 조정할 수 없다는 의미에서 인간 행동을 물질로 간주한다. 셋째, 인간 능력의 물화이다.

인간 정신을 물적(物的)으로 정재화(定在化)시킨 것이라고 보는 예술 작품이나, 노동가치설에서 말하는 상품 가치 등이 이에 해당한다. 특히 마르크스는 인간과 인간의 관계가 마치 물질의 관계처럼 도착시(倒錯視) 되는 현상을 물화라고 했다.

04강 묵자의 상동(尙同)과 상현(尙賢)

case 1 묵자의 사상 중에는 상동이라고 하는 평등사상이 있다. 계급이 분명했던 시절의 이러한 선언은 당시 사회의 근간을 흔들어 놓는 혁명적인 사건이었다. 다음의 글을 통해 묵자의 평등사상을 서술하시오.

비록 농부나 공인 혹은 장사치라 하더라도 능력이 있다면 등용한다. (……) 벼슬에 항상 귀한 것이 없으며 백성이라고 하여 끝내 천하다는 법은 없다. 능력이 있으면 등용하고 능력이 없으면 해임한다.

– 《묵자》, 〈상현 상(上)〉 편 참고

"옛날 사람이 처음 생기고 아직 형정이 없던 때에는 대게 그들의 말이 사람마다 달랐다. 그래서 한 사람이면 한 가지의 뜻이 있고, 두 사람이 있으면 두 가지의 뜻이 있으며, 열 사람이 있으면 열 가지의 뜻이 있었다. 그리하여 사람마다 제 뜻은 옳다 하고 남의 뜻은 그르다 하였으니, 따라서 서로 비난하기를 일삼았다.

(……) 천하의 어지러움은 짐승의 세계와 같았다. 이와 같이 천하가 어지러워진 연유를 밝힌다면 그것은 우두머리가 없기 때문이다. 그러므로 천하의 어진 이를 천자로 삼기에 이르렀다. 천자를 세우고도 그의 힘만으로는 부족해서 다시 천하의 어진 이를

선택하여 삼공으로 삼았던 것이다. 천자와 삼공이 세워졌지만 천하는 넓고도 크기 때문에 먼 나라 딴 고장 사람들의 시비와 이해의 판별이 간단히 통찰될 수는 없었다. 그래서 여러 나라를 가르고 제후와 임금을 세웠다. 이와 같이 제후와 임금이 세워졌다고 해도 그 힘이 부족하기 때문에 다시 그 나라의 어진 이를 선택하여 정장(正長: 향리의 장 따위)을 삼은 것이다."

– 《묵자》, 〈상동 상(上)〉 편 참고

생각 쓰기

주 요 개 념 및 배 경 지 식

1 기회균등

모든 사람들에게 정치적 · 경제적 · 사회적 기회를 골고루 주는 것을 뜻한다. 인종, 국적, 피부색 등 인간의 외적인 조건으로 차별받지 않는 범인류애적인 사랑을 담고 있다. 그러나 19세기 말 미국이 중국을 침략하기 위해 문호 개방과 함께 사용한 대외 정책으로 사용되기도 했다.

2 민주주의

귀족제나 군주제와 상치되는 개념이다. 그리스 어원에 의하면 민주주의란 국민이 지배한다는 의미이다. 민주주의는 정치에 있어 대표성 있는 이들을 국민이 직접 선출하여 일하게 하는 대의 민주주의와 다만 사회 · 경제적인 평등에 관심을 둔 사회민주주의가 있다.

현대 민주주의의 필수 요건은 다음의 여섯 가지이다. 첫째, 국민은 1인 1표의 보통선거권을 통하여 절대 권한을 행사할 수 있어야 한다. 둘째, 적어도 2개 이상의 정당들이 선거에서 정치 강령과 후보들을 내세울 수 있어야 한다. 셋째, 국가는 모든 구성원의 권리를 보장해야 하는데, 이 민권에는 출판 · 결사 · 언론의 자유가 포함되며 적법절차 없이 국민을 체포 · 구금할 수 없다. 넷째, 정부의 시책은 국민의 복리증진을 위한 것이어야 한다. 다섯째, 국가는 효율적인 지도력과 책임 있는 비판을 보장하여야 한다. 정부의 관리들은 계속적으로 의회와 언론에서 반대 의견을 들을 수 있어야 하고, 모든 시민은 독립된 사법제도의 보호를 받아야 한다. 여섯째, 정권 교체는 평화적 방법으로 이루어져야 한다.

case 2 묵자는 상동(尙同)과 더불어 상현(尙賢)이란 개념을 이끌어 낸다. 상현이란 어진 이를 존중하라는 뜻인데, 어찌 보면 상동 사상과 상치되는 듯하다. 다음의 인용문을 자세히 읽고 묵자가 주창한 상현의 의미를 서술하시오.

옛날의 성왕들이 정치를 함에 있어서는 덕 있는 이를 등용하고, 현인을 높였다. 비록 농·공·상에 종사하는 사람이라도 능력이 있으면 등용하고 높은 작위를 주고 무거운 녹을 주고 중요한 일을 맡겨 반드시 명령이 실시되도록 하였다. 그것은 작위가 높지 않으면 백성은 존경하지 않고, 녹이 많지 않으면 백성은 믿지 않고, 정령이 단호하지 않으면 백성들은 두려워하지 않기 때문이다. 이 세 가지를 현자에게 수여하는 것은 그 어짐에 대한 보답이다.

– 《묵자》 〈상현 상(上)〉 편 참고

천 명도 다스릴 수 없는 자를 만 명을 다스리는 관직에 있게 하면 이는 그 자질에 비해 열 배나 되는 관직을 맡긴 것이 된다. 그런데 정치는 일상의 일인데 날마다 이를 처리한다고 해도 날은 열 배로 늘지 않고, 지혜의 힘으로 처리한다고 해도 그것 역시 열 배로 늘어나지 않는다. 그러하니 열 배나 무거운 관직을 준다는 것은 하나를 다스리고 아홉을 버리는 것과 같다. (……) 진현함에서는 반드시 그 말을 듣고, 그 행동을 살펴보고, 그 능력을 고려하여 신중하게 관직을 주어야 한다.

– 《묵자》 〈상현 중(中)〉 편 참고

생각 쓰기

Note& guide 주요 개념 및 배경 지식

1 세습

신분 · 재산 · 직업 등을 자손대대로 물려주는 일을 말한다. 신분과 혈통에 의하여 계승되는 세습 신분과 대대로 한 집안의 계승자가 물려받게 되는 세습 재산, 그리고 특별한 기예나 무속(巫俗) 등을 세습 계승하는 것이 그 예이다.

2 관록(官祿)

조선 시대의 공직자에게 주는 봉급을 일컫는 말로 관황(官況)이라 부르기도 한다. 품계에 따라 18등급으로 나누어 쌀, 콩, 베, 돈 등으로 주었다. 초기에는 실직(實職)에 따라 사맹삭(四孟朔: 음력 1월, 4월, 7월, 10월)에 주었으나 경종(景宗) 때부터 매월 삭(朔)에 앞당겨 주었다.

05강 묵자의 겸애(兼愛)와 비공(非攻)

case 1 묵자의 사상은 겸애를 바탕으로 하며 겸애는 매우 구체적이고 실천적인 측면으로 해석되고 있다. 다음 글을 통해 겸애를 정리하시오.

"이제 질서의 혼란이 어디서 발생하는가를 살피건대, 그것은 서로 사랑하지 않는 데서 생긴다. 신하나 자식이 임금이나 아비에게 불효하는 것을 혼란이라 일컫는다. 자식이 자신을 사랑하되 아비는 사랑하지 않기 때문에 아비를 젖혀 놓고 자신만을 이롭게 한다. 아우는 자신을 사랑하되 형은 사랑하지 않기 때문에 형을 젖혀 놓고 자신만을 이롭게 한다. 신하는 자신은 사랑하되 임금을 사랑하지 않기 때문에 임금을 젖혀 놓고 자신만을 이롭게 한다. 이러한 것들은 소위 난이라고 하는 것이다. 또 아비가 자식에게 인자하지 않고, 형이 아우에게 인자하지 않고, 임금이 신하에게 인자하지 않은 것도 세상에서는 소위 난이라고 하는 것이다."

– 《묵자》 〈겸애 상(上)〉 편 참고

"만일 천하 사람들로 하여금 널리 사랑하여 남 사랑하기를 제 몸 사랑하듯 하게 한다면 그래도 불효하는 자가 있을 것인가? 부모 형제와 임금 보기를 자기 보듯 한다면 어떻게 불효한 일이 있겠으며, 그래도 인자하지 못한 자가 있을 것인가? (……) 만일 천하 사람들로 하여금 널리 서로 사랑하게 한다면 나라와 나라는 서로 침공하는 일이 없고, 집안과 집안은 서로 어지럽히는 일이 없고, 도적은 없어지고, 임금과 신하, 아비와 자식 사이에는 모두 효도와 자애(慈愛)가 있게 될 것이다. 만일 이렇게 되면 천하는 잘 다스려질 것이다. 그러므로 천하를 다스리는 것을 일로 삼는 성인으로서 어찌 악을 금하고, 사랑을 권장하지 않을 수 있겠는가?"

– 《묵자》 〈겸애 상(上)〉 편 참고

생각 쓰기

Note& guide

주요 개념 및 배경 지식

1 효도

효도는 동서고금을 막론하고 존재해 왔으며 인륜의 중요한 덕목이다. 19세기 이전의 중국은 천재(天災)와 끊임없는 난세(亂世)의 폭정(暴政)으로부터 자신들의 생활을 지키기 위해 혈족(血族)이 동거하여 가부장제 가족을 구성했다. 이런 구성원들이 부모를 봉양하고, 공경하며, 복종하고, 조상에게 봉제사(奉祭祀)하는 일을 의무화시키면서 효사상이 사회규범으로 굳어졌다.

공자는 부모를 공경하고 부모의 마음을 편안하게 해 드리며 예로써 제사를 받들 것을 주장하였고, 그 구체적인 실천 방법을 제시하여 이것을 확고히 정착시켰다. 이 사상은 맹자에서 자식의 부모에 대한 의무가 더욱 강조되었고, 한대(漢代)에 이르러 《효경(孝經)》에서 도덕의 근원, 우주의 원리로서 형이상화(形而上化)되고 절대 복종이 명문화되었다. 《효경》의 또 하나의 특징은 천자(天子)가 되어야 비로소 지극한 효를 행할 수 있고, 효를 실천함으로써 천하를 다스릴 수 있다는 내용이다. 이런 자연의 이법(理法)에 따라야 한다는 전개로 국가가 효 윤리를 권장, 강요하여 중국 사회의 중요한 도덕규범으로 정착시켜 간 것이다.

2 자애(慈愛)

사랑하는 마음을 의미한다. 자신을 사랑하는 것은 자애라고 하지 않는다. 자애는 타인을 향하고 있다. 그러나 자신을 사랑하는 마음과 타인을 사랑하는 마음은 연결되어 있다. 자신을 사랑하면서 타인을 사랑하지 않는 것이나 타인을 사랑하면서 자신을 사랑하지 않는 것은 올바른 사랑이 아니다. 자신을 제대로 사랑하면 타인을 사랑하지 않을 수 없으며, 타인을 존중하고 사랑하는 이가 자신을 멸시하거나 비하시킬 수는 없다. 타인을 사랑하려면 먼저 자신을 제대로 사랑하는 법을 알아야 한다. 그 반대도 마찬가지다.

case 2 묵자에게 있어 겸애와 비공(非攻)은 깊은 관련이 있다. 전쟁을 멈추고 평화를 도모하는 비공은 분명 겸애로 집중될 수 있기 때문이다. 다음 글을 참조하여 비공의 중요성을 서술하시오.

㉮ 전쟁을 하게 되면 양쪽 모두 큰 손해라는 말에 겸은 크게 당황했습니다.

"어째서요? 만약 큰 나라가 작은 나라를 합병하게 되면 큰 나라에게는 이익이 아닌가요?"

"허허, 네가 하나는 알고 둘은 모르는구나. 겸이 너 전쟁이 봄과 가을에 일어나는 것 잘 알고 있지? 여름은 너무 덥고, 겨울은 너무 추우니까 봄가을에 전쟁을 일으키잖아."

"그런데요? 그게 무슨……!"

겸의 머릿속에 순간 무엇인가가 스쳐 갔습니다. 봄가을이 바로 농사철이라는 것이 말입니다. 농사철에 전쟁이 일어나면, 농사에 큰 지장이 있으니까 백성들은 당연히 식량이 없어 굶주리게 될 것입니다. 적이 계속해서 설명했습니다.

"공격을 하는 쪽이든, 당하는 쪽이든, 농사철에 전쟁을 하는 것은 양쪽 모두에게 손해인 게야. 그리고 승전국도 다친 사람, 죽은 사람이 많이 있지 않니. 일할 사람이 줄면 누가 나라에 세금을 내고, 나라를 먹여 살리겠니? 땅을 넓힌들 누가 경작을 하겠어? 그러니 전쟁에 이겨서도 손해인 게지. 그리고 겸이 너도 잘 알겠지만, 전쟁으로 가족과 헤어지는 고통이 또 얼마나 크니. 그러니 전쟁에서 이기든 지든 다 손해라는 거다.

그렇지 않느냐?"

"……"

" 여기까지는 이해가 되겠느냐?"

"……네, 그러니까 거자님 말씀은 나라를 다스리는 자가 진정 이익을 바라고 손해를 싫어한다면, 전쟁은 하지 말아야 한다는 거죠?"

"그렇지. 침략전쟁은 이기고 지는 쪽 어디에도 이익을 가져다주지 않기 때문이지."

"……"

"그럼 이제 그만 돌아가서 자거라. 네가 전쟁에 참여해 강해지겠다는 생각을 버린 것이라면 네가 무술을 익히는 것을 허락하겠다."

겸은 인사를 하고 적의 방을 나왔습니다.

– 《묵자가 들려주는 겸애 이야기》 중에서

나 하늘이 낳은 백성을 빼앗아서 하늘의 읍을 공격하는 것은 하늘의 백성을 죽이고, 신위를 짓부수고 사직을 전복하고 제물로 쓰는 가축을 함부로 죽이는 것이다. 그러므로 이러한 일은 위로 하늘의 이익에 부합되지 않으며 가운데로는 귀신의 이익에 부합되지 않으며, 아래로 사람을 조금도 이롭게 하는 것이 아니다.

– 《묵자》 〈비공 하(下)〉 편 참고

생각 쓰기

Note& guide

주요 개념 및 배경 지식

비공(非功)

묵자가 살았던 춘추전국시대는 전쟁의 시대였다. 묵자는 전쟁이 일반 백성에게 미치는 참혹함을 겪으며 전쟁에 반대하는 사상을 펼쳤다. 이른바 비공(非功)의 사상이다. 그러나 그가 모든 전쟁에 반대한 것은 아니었다. 그는 주(誅)와 공(功)을 구별한다. 주란 의로운 세력이 불의의 세력을 토벌하는 것을 말한다. 역사적으로 보면 고대 중국의 탕무(湯武) 혁명이 바로 이러한 예이다. 한편 다른 나라를 침략할 아무런 정의도 없는 전쟁이 바로 공이다. 무고한 사람을 죽이는 것은 불의한 행동이라는 것을 모두 알면서도 다른 나라를 공격해서 수많은 사람을 죽이는 전쟁을 두고 불의한 일이라고 말하는 사람이 없다고 묵자는 개탄한다. 묵자가 보기에 아무런 명분도 정의도 없는 전쟁이야말로 최대의 불의라고 말한다. 묵자가 단순히 이런 주장만 한 것은 아니었다. 그는 실제로 대국인 초나라가 소국 송나라를 공격하는 것을 막은 혁혁한 공을 세운 일이 있었다.

06강 묵자의 역사관

case 1 다음 인용문들은 운명에 관한 묵자의 견해를 보여 준다. 이들 관계의 틀 속에서 묵자 가르침의 핵심이 무엇인지를 찾아내고 이들의 관계를 구체적으로 밝히시오.

유명론을 주장하는 이들은 다음과 같이 말한다. 부자가 될 운명이면 부자가 되고 가난할 운명이면 가난해지며, 많을 운명이면 많아지고 적을 운명이면 적어지며 다스려질 운명이면 다스려지고 혼란할 운명이면 혼란하며 오래 살 운명이면 오래 살고 요절할 운명이면 요절한다.

– 《묵자》 〈비명 상(上)〉 편 참고

가령 오늘날 위정자들이 유명론을 믿고 따른다면 반드시 소송이나 정치 업무에 태만할 것이다. (……) 농부는 반드시 농사일에 태만할 것이며 부인은 길쌈 일에 태만할 것이니, 내가 생각건대 세상의 음식에 관련된 재물이 장차 반드시 부족할 것이다.

– 《묵자》 〈비명 하(下)〉 편 참고

생각 쓰기

주요 개념 및 배경 지식

1 감응

무엇에 접촉되어 그에 따른 반응을 보이는 것을 말한다. 중국사상에서 감응은 주로 하늘과 사람의 관계를 설명하는 데 사용된다. 하늘과 사람의 관계는 역사적으로 다양하다. 이것은 보통 일방적으로 명령만 내리는 하늘과 무조건 복종하는 사람의 관계, 아무런 응답 없이 자연의 흐름처럼 함께 흘러가는 하늘과 사람의 관계, 형식이나 틀로 존재할 뿐 어떤 반응이나 변화가 없는 이론적인 하늘과 건조한 사람과의 관계 등으로 분류한다. 분류 상 하늘의 성격이 인격적일 경우에 하늘과 사람은 서로 감응을 한다. 사람이 가슴 아파하면 하늘 역시 가슴 아파하는 경우가 그렇다. 하늘의 뜻이 사람에게 전달되는 것 역시 감응이다.

2 이데올로기

인간, 자연, 사회에 대해 품는 현실적이며 이념적인 의식의 모든 형태를 말한다. '관념 형태' 또는 '의식 형태' 로 번역되기도 하지만 도리어 복잡하고 어려워서 원어 그대로 사용하는 경우가 많다. 일반적으로 사상이나 관념 형태의 내용을 순수하게 내면적으로 이해하는 방법을 이데아적 견해라 한다. 이에 대하여 관념 형태를 본인의 사회적 기반과 관련시켜 그 이해를 반영하는 것으로 생각하는 방법을 이데올로기적 견해라 한다. 이데아적 견해는 자칫하면 인간의 의식 형태를 현실 생활에서 분리하여 관념론으로 흐르게 하기 쉬우나 중세의 봉건 사회가 변혁되어 F. 베이컨이나 T. 홉스에 의하여 이데아의 신비성이 부정된 결과 이데올로기적 견해가 유력해졌다.

3 맹신

맹신은 외재적인 권위에 대하여 맹목적으로 복종하는 태도 및 그에 따르는 여러 사고방식, 행동양식인 권위주의와 밀접한 관계가 있다.

사람은 이성적 판단에 입각하여 사물을 인정하거나 평가하여 일정한 가치 기준을 설정한다. 그러나 특정한 지위나 인물에 절대적인 권위를 인정하고 이에 따라 행동, 평가하는 사회적 태도를 보이는 경우가 있다. 이때 평가의 바탕에는 이성적 판단보다는 감정이 우선하며, 절대시하는 권위에 대한 자기 몰입적 일체화가 나타난다.

권위라고 인정되는 것은 대개의 경우 당 시점에서의 권력자나 체제적으로 유력한 인물이나 사상을 뜻하는 것으로, 현실적이고 세속적인 힘을 나타낸다. 그러므로 권위주의자 또는 권위주의적 사고에서는 힘에 대한 맹신과 일체화를 볼 수 있다.

아비투어
철학 논술

예시 답안

case 1 묵자가 하늘을 생각하는 이유는 백성 때문이다. 하늘이 존재하는 이유 역시 백성을 돌보기 위해서이다. 하늘은 백성을 위해 존재하는 것이며, 백성을 돌보고 백성의 뜻을 담아 널리 펼치는 것이 하늘의 역할이다. 하늘이 있다는 사실은 백성에게 큰 힘이 된다. 하늘이 존재하지 않는다면 백성들은 자신의 어려움이나 아픔을 호소할 데가 없다. 실질적인 의지가 되어 주어야 할 인간의 조직인 관청이나 국가는 백성들의 편이 되기보다는 힘 있는 자의 편에 서는 것이 일반적이다. 따라서 백성들은 하늘만 보고 한숨짓는 것이다.

하늘은 평등한 세상을 원한다고 묵자는 주장한다. 차별하고 억압하는 일을 거부하며 모두가 함께 나누고 즐겁게 일하기를 원한다고 한다.

case 2 묵자는 하늘이 하나의 법칙성을 갖는다고 생각했다. 따라서 하늘은 세상 모든 일의 본보기가 될 수 있다고 보았다. 하늘은 우리가 이 사회에서 어떻게 살아가야 하는가에 대한 행동 방식을 규정해주는 규범으로 간주했다. 묵자는 이러한 규범으로서 하늘을 말하면서 장인들에게 친숙한 도구들을 비유로 사용했다. 장인들이 가지고 있는 자가 물건을 만들 때 기준이 되는 것처럼 하늘이 세상을 측량하는 척도가 된다는 것이다.

세상 척도의 기준이 되는 하늘이 바라는 바는 전쟁을 그치고 서로 사랑하며 이익을 나누며 사는 것이라고 묵자는 주장한다. 제후들이 원하는 전쟁과 침략은 결코 하늘이 원하는 것이 아니라고 말한다.

case 1 인간은 짐승들처럼 자연 속에서 살아가기가 어렵다. 그래서 인간은 도구를 만들기 시작했고 이들 도구는 중요한 생산의 수단이 되었다. 인간의 생산 활동이 활발해짐에 따라 점차 도구를 만드는 것 자체가 또다시 하나의 생산 활동이 되었다. 이러한 도구 생산 활동은 더욱 발전하여 장식품을 만드는 문화 생산 활동으로 변화하게 된다.

춘추 시대에는 각종 공예 기술이 발달되어 수공업 분야의 제품들이 상당한 수준에 이르렀다. 따라서 여기에 종사하는 이들도 많았다. 그러나 그들의 삶은 매우 피폐해 있었다. 왕과 귀족들의 착취는 심했고 많은 전쟁으로 인해 너무도 지쳐 있었다.

묵자는 이들의 아픔을 해결하기 위해 나섰다. 그는 지친 백성들에게 노동의 중요성을 강조한다. 편하게 먹고 지내는 것이 인생의 즐거움이라고 생각했던 이들에게 그러한 모습은 결코 즐거움이 되지 않는다고 주장한다. 문제는 노동의 왜곡이지 노동 자체가 아님을 역설한다. 따라서 묵자는 건강한 노동을 주장한다. 노동의 가치를 인정받고 함께 일하는 것이 진정한 즐거움이라고 피력한다. 묵자는 눈에 보이는 이득으로 나타나야 진리라고 말한다.

case 2 묵자는 유가와는 달리 음악에 대해 호의적이지 않다. 유가에서 음악은 인간의 순수한 감정과 예의 질서를 조화시키는 중요한 수단으로 간주한다. 묵자도 음악 자체를 무가치한 것으로 여기지는 않았지만 묵자 시대에는 귀족들에게

만 음악의 향유가 국한되어 있어 일반 백성들과는 거리가 있었기 때문에 호의적이지 않았던 것이다. 묵자는 음악이 노동요에서 시작했음을 상기시키면서 음악은 정작 백성들에게 필요한 것이라고 생각한다. 그런데도 불구하고 음악이 소수 지배자들의 독점물이 되었기 때문에 묵자는 음악을 비롯한 문화에 대해 거부감을 나타낸다. 그의 음악과 문화에 대한 거부는 그것 자체에 대한 거부라기보다 그것을 누리고 있는 귀족들에 대한 거부이다.

묵자의 공리주의적 관점에서 보면 귀족들만이 점유한 음악과 문화는 백성들에게 아무런 이득이 없기 때문에 효과적이지 못하다고 생각했다. 백성들의 이익에 부합한 활동은 그 무엇도 소용이 없다는 생각이었다. 따라서 묵자가 반문화주의자로 평가받는 것은 그의 공리주의를 잘 이해하지 못한 데서 나타난 결과이다. 그가 거부한 것은 그릇된 문화와 그 문화를 조장하고 향유하는 계층 그리고 이들 계층을 옹호하는 유가 사상에 대한 거부이지 문화 그 본질에 대한 거부는 아니다.

주제탐구 03강 묵자의 절용(節用)과 절장(節葬)

case 1 묵자는 왕이나 귀족들의 사치를 반대한다. 왕이나 귀족들이 누리는 부귀와 영화는 모두 백성들의 수고에서 나온 것이기 때문이다. 왕이나 귀족들이 사치하지 않는다면 그만큼 세금은 줄어들고 백성들의 수고도 감소할 것이다. 백성들의 의식주를 강조했던 묵자는 최소한의 것으로 몸을 가리고 추위와 더위를 막아내며

음식을 먹고 쉴 수 있는 공간을 가진다면 모두가 풍성해질 수 있다고 확신했다. 노동하지 않고 사치하는 이들을 깨우쳐 근검절약을 실천하게 하면 백성들의 가난과 아픔도 사라질 것이라고 믿었다.

case 2 묵자가 살던 당시, 장례 예식은 많은 문제를 안고 있었다. 장례식을 치르기 위해 소요되는 경비가 매우 컸던 것이다. 장례에 드는 경비는 생산적인 곳에 소용되는 것이 아니라 소비되고 마는 경비여서 무덤을 만들기 위해 많은 경비를 쓰는 것은 후손들에게 아무런 의미가 없을 뿐만 아니라 도리어 후손들을 힘들게 만들었다.
장례 절차는 매장으로 끝이 아니다. 상을 치러야 하는데 삼년 동안 선비는 아무런 생산 활동에 참여하지 못한다. 때문에 백성들은 이러한 장례를 몇 차례 치르고 나면 나중에는 아예 가난에서 벗어나지 못할 지경에 이르게 된다. 장례 의식이 이처럼 비생산적이며 비효율적인 면모를 가지고 있기 때문에 간소화할수록 후손에게는 유익할 것이다. 어떤 부모도 자손이 가난해지는 것을 바라지 않는다. 그렇기 때문에 절장(節葬)하는 것이 부모의 마음을 편하게 만드는 진정한 효도이다. 이처럼 장례의 간소화는 넓게 보면 사회적으로나 국가적으로 큰 유익이 된다.

case 3 유가가 물질과 이득을 중요하게 생각하지는 않았지만 절제에 대해서는 중요성을 인식하여 강조했다. 자신에게 알맞은 규모의 살림을 사는 것, 지나치게 자신을 과장하거나 반대로 비굴하게 사는 것을 유가에서도 바라지 않는다. 따라서 자신의 행동을 포함하여 여러 측면에서 스스로 절제하고 자제하는 것을 귀하게 여졌다. 그러나 유가의 이러한 절검은 자신의 몸과 마음에 집중되어 있다. 자신을 다스리는 수양의 일환으로 생활의 절검을 요청했던 것이다.

그러나 묵자의 절용은 유가의 절검의 단계를 뛰어넘는다. 단순히 자신의 삶의 규모를 최소화하는 것을 넘어 절약된 경비를 백성의 복지를 위해 사용해야 한다고 주장한다. 이러한 생각은 그의 철저한 유물론적인 관점에서 출발하는데 물질에 얽매이게 되면 정신까지 물화(物化)될 가능성이 있기 때문이다. 절용은 물질의 절약 차원을 넘어 물질에 매이지 않고 자유롭게 벗어나는 정신적 차원으로까지 나아간다.

주제탐구 04강 묵자의 상동(尙同)과 상현(尙賢)

case 1 묵자는 모든 사람들이 동일하기 때문에 관직을 부여할 때 동일한 기준에서 행해져야 한다고 주장한다. 태어나면서부터 계급 제도에 의해 서로 다른 기회를 부여하는 것은 부당하며 등용하는 원칙은 철저히 능력 중심이어야 했다. 귀족 계급의 사람이라도 능력이 없으면 등용하지 않고, 반대로 평민일지라도 능력이 있으면 등용해야 한다는 주장이었다.

이러한 균등한 기회 부여는 인류의 시작을 더듬으면 알 수 있다고 한다. 관직이 생긴 것은 어느 날 갑자기 일어난 것도 아니며, 하늘이 처음부터 인간에게 규정하여 제공한 것도 아니다. 사람들 사이에 문제가 발생하자 중재할 사람이 요구되었고 그러한 중재의 역할을 부여하여 관료로 삼았다. 지역과 지역의 갈등을 해소하기 위해 더 큰 지위의 관료를 세웠다. 결국 왕도 백성의 뜻으로 세워진 사람이다.

그러니 모든 권력은 백성들에게서 시작되며 백성의 지지에 의해 관료는 지위를 행사할 수 있다. 그럼에도 관료들은 백성들을 억누르고 있다. 만일 백성이 관료에게 등을 돌린다면 관료는 힘을 잃게 된다. 관료는 이미 정해진 것이 아니라 백성에 의해 만들어지는 것이다. 따라서 능력이 있고 백성의 지지를 얻는다면 누구라도 지위를 얻을 수 있다.

case 2 묵자는 '의로운 사람이 아니면 부유하게 하지 아니하고, 귀하게 하지 아니하고, 친하게 대하지 아니하며, 가까이 하지 않는다' 면서 현인을 숭상하여야 한다고 하였다.

묵자는 치국(治國)과 양민(養民)이야말로 아주 어려운 일이어서 현명하고 능력 있는 인물이 아니고서는 감당하기 힘들다고 했다. 따라서 윗자리에 올라 국가의 녹을 먹고 사는 사람은 모름지기 출중한 재능을 가져야 한다고 했고 상현(尙賢)에서 [관록(官祿)] 이야말로 '위정(爲政)의 근본' 이라고 보았다.

여기서 우리는 묵자 주장의 몇 가지 의의를 찾을 수 있다. 우선 묵자는 관직이 세습되는 것은 옳지 않다고 보았음을 알 수 있다. 그는 또한 세습에 의해 관료가 되는 것은 관직을 도적질하는 행위와 다름없다고 주장한다. 능력 없는 이들이 아첨과 모략으로 높은 자리를 차지하는 것을 보면서 이러한 등용 방법을 바꾸어야 한다고 생각했다.

그러나 만일 어진 이가 등용되었다면 그를 존중해야 한다는 것이 묵자의 의견이다. 일단 관직이 주어지면 그를 존중해 주어야 그가 힘을 얻어 맡겨진 업무를 충실하게 이행할 수 있을 뿐만 아니라 그로 인해 백성들에게 유익함이 돌아간다고 보았기 때문이다.

case 1 겸애는 묵자사상의 핵심이다. 남을 사랑하는 것이 곧 나를 사랑하는 것이라는 가르침이다. 겸애는 사랑하려는 마음가짐만을 의미하지 않는다. 사랑의 구체적인 실천을 의미한다. 자신의 노동을 통해 얻어진 건강한 이득을 남과 나누려는 실천이다.

묵자는 타인을 또다시 세분하지 않는다. 자신의 아버지와 타인의 아버지를 구분하지 않으며 자신의 가족과 다른 가족을 구분하지 않는다. 또한 자신이 몸담고 있는 국가와 타국을 구분하여 행동하지 않는다.

겸애에는 이익의 상호 존중이 있지만 차별의식은 없다. 자신의 이익을 유보하고 타인의 이익에 관심을 높임으로 겸애가 가능하다고 한다.

case 2 묵자의 가르침 중의 하나는 비공이다. 비공이란 적극적 의미에서는 평화를 유지하는 것을 의미하고 소극적인 의미로는 방어를 말한다. 유가도 전쟁을 반대했지만 구체적인 방법을 개발하지 못했다. 그러나 묵자는 방어 기계를 고안해 냈고 방어를 수행했다. 또한 몸소 제자들을 이끌고 가서 송나라를 도와 전쟁을 방지하기도 했다.

묵자는 전쟁의 시발은 침략자들이 전쟁을 유익한 것이라고 인식하는 데서 기인한다고 보았다. 따라서 전쟁이 이득이 안 된다는 것을 설득하면 전쟁을 그칠 수 있다고 보았다.

묵자는 '전쟁에서 승리했다고 해도 결과는 무모한 것이며, 그 잃은 바를 헤아리면 얻은 것보다 더 많을 수 있다' 고 주장하였다. 공격자들은 전쟁을 통하여 많은 것을 얻을 수 있다고 잘못 인식하고 있지만 그건 잘못된 판단이라고 믿었다. 게다가 전쟁의 재해는 패한 백성들에게만 미치는 것이 아니라 승리한 나라의 백성들 또한 그 폐해를 고스란히 감당해야 한다고 하였다.

하물며 남에게 손해를 끼치면서 자기를 이롭게 하는 것이 남의 재물을 훔치는 것보다 백 배나 더한 타국에 대한 전쟁을 묵자는 간과할 수 없었다. 그는 항상 침략 전쟁은 결코 행해져서는 안 된다고 강력하게 주장했으며, 각국이 마땅히 강구해야 할 것은 자위 자존의 기술이라고 보았다.

한 발 더 나아가 묵자는 사람들에게 자위뿐 아니라 약자를 구제하는 것과 이웃 나라와 화목을 유지하는 외교 방법을 주장함으로써 평화의 범위를 확대시켰다.

주제탐구 06강 묵자의 역사관

case 1 묵자는 백성들의 생산 노동 능력을 허물어뜨리는 숙명론에 대해 강하게 비판한다. 언뜻 보면 묵자가 귀신의 존재와 하늘의 움직임에 대해서 긍정적 입장을 보인 것과 모순된 것처럼 보인다. 그러나 묵자가 숙명론을 비판한 것 역시 귀신의 존재를 인정한 것과 하늘의 인격적인 반응과 일맥상통한다고 볼 수 있다. 왜냐하면 귀신의 존재와 하늘의 인격적인 반응은 모두 백성들과 밀접한 관계가 있음을 이미 우리는 잘 알고 있기 때문이다. 묵자가 백성을 위해서는 귀신의 존재와 하늘의 감응을 긍정한다고 말한 것이 거기에 해당한다. 숙명론에 대해 강한 비판을 보이는 것 역시 백성의 관점에서 보는 것이다. 백성들에게 필요한 것은 명(命)이 아니라 이(利)와 능력(力)이라고 보았기 때문이다. 여기에서 명(命)이란 인간의 힘으로 어떻게 할 수 없는 자연적인 어떤 것을 말한다. 이는 지배층이 백성의 올바른 사회의식을 희석시키고 변화하려는 힘을 무력화시키려고 만들어낸 이데올로기라고 묵자는 해석했다.

묵자는 '백성이 게으르지 않고 성실함에도 여전히 가난한 까닭은 무엇일까' 하는 의문을 가졌는데, 이는 사람의 힘으로 어쩔 수 없는 일이라고 맹신하는 숙명론 때문이라고 결론짓는다.

Abitur

철학자가 들려주는 철학이야기 018

니체가 들려주는 슈퍼맨 이야기

저자_박민수
연세대학교 독문과를 졸업하고 동 대학원에서 석사 학위를 받았다. 지금은 독일 베를린 자유대학에서 '근대 미학에서 미적 가상의 개념' 이란 주제로 박사 논문을 준비하고 있다. 전문 번역가로도 일하고 있으며, 그동안 번역한 책으로는 《우리의 포스트모던적 모던》, 《데리다-니체, 니체-데리다》, 《신의 독약》, 《책벌레》, 《크라바트》 등이 있다.

주 제 탐 구

1강 힘에의 의지
2강 초인(위버멘시)
3강 영원 회귀 사상
4강 몸과 행복

01강 힘에의 의지

case 1 다음 글을 읽고 니체가 말하는 '힘에의 의지'와 인간의 삶에 관해서 논하시오.

니체는 '힘에의 의지'로 이 세계의 현상을 설명할 수 있다고 믿었습니다. 물리학의 세계에서는 에너지가 보존되지만 생명의 세계는 힘이 증가하는 쪽으로 변화합니다. 따라서 식물과 동물도 성장과 번식을 위해 점점 더 힘을 키워 갑니다.

동물 중에서 가장 뛰어난 지능을 가진 인간도 예외 없이 권력을 추구하려고 합니다. 눈에 보이는 것, 예를 들어 좋은 집과 자동차뿐만 아니라 눈에 보이지 않는 사랑과 관심, 인기와 명예에 대해서도 욕심을 냅니다. 이러한 과정에서 경쟁은 피할 수 없으며, 그에 따른 싸움이나 전쟁이나 폭력 등은 늘 발생하게 마련입니다.

– 《니체가 들려주는 슈퍼맨 이야기》 중에서

삶에의 의지? 나는 그곳에서 항상 힘에의 의지를 발견하였다.

– 니체, 《유고》 중에서

좋은 것은 무엇인가? 힘의 느낌, 힘의 의지, 인간에게 내재하는 힘 자체를 고양시키는 모든 것.

나쁜 것이란 무엇인가? 약한 것에서 파생되는 모든 것.

행복이란 무엇인가? 힘이 증진되는 느낌, 저항이 극복되었을 때 느끼는 기분.

– 니체, 《안티크리스트》 중에서

생각 쓰기

Note& guide

주 요 개 념 및 배 경 지 식

에너지 보존 법칙

에너지 보존 법칙은, 일정한 공간 내의 에너지는 형태만 바뀔 뿐, 소멸되거나 생성되지 않는다는 물리학의 법칙이다. 자연의 모든 현상은 에너지 보존 법칙으로 설명할 수 있는데, 예를 들어 시계추가 왔다 갔다 하는 것에서도 에너지 보존의 법칙을 설명할 수 있다. 시계추가 좌우 양측으로 올라갈 때는 위치에너지는 증가하는 반면, 운동에너지는 감소한다. 반대로 시계추가 아래로 내려오면 운동에너지는 증가하는 대신 위치에너지는 감소한다. 이때 운동에너지와 위치에너지의 합은 언제나 일정하다.

02강 초인(위버멘시)

case 1 다음 글을 읽고 니체 사상에서 '힘에의 의지'와 '초인'의 관계에 대해 논하시오.

"이진영, 위버멘시는 니체가 말한 '힘에의 의지' …… 아, 그런데 '힘에의 의지'가 뭔지 아니?"

"네, 알아요. 인간이 살아가기 위해 갖는 힘, 그 의지를 말하는 거잖아요."

(……)

엄마가 계속 말씀하셨다.

"그 '힘에의 의지'에서도 가장 순수한 의지, 유일한 가치의 최고 상태를 초인, 정확히는 독일어 위버(über)와 멘시(mensch)가 합해진 단어인 위버멘시라고 하지."

– 《니체가 들려주는 슈퍼맨 이야기》 중에서

적극적이고 성공한 사람은 '너 자신을 알라'라는 격언에 따라 행동하는 것이 아니라, '너 자신이 되기를 바라면 너 자신이 될 것이다'라는 계명에 따라 행동하는 것처럼 보인다.

– 니체, 《유고》 중에서

생각 쓰기

case 2 **니체는 '낙타와 사자와 어린아이'의 비유를 통해 초인을 설명했다. 다음 글을 읽고 니체가 말하는 낙타와 사자는 어떤 존재이고, 어린아이는 어떤 존재인지 서술하시오.**

나는 이제 너희들에게 정신의 세 단계 변화에 대해 이야기하고자 한다. 정신이 어떻게 낙타가 되고, 낙타가 사자가 되며, 사자가 마침내 어린아이가 되는가를 말이다.

공경하고 두려워하는 마음을 지닌 정신, 짐을 넉넉히 질 수 있는 정신에게는 견뎌내야 할 무거운 짐이 너무 많다. 정신의 강인함, 그것은 무거운 짐을, 더없이 무거운 짐을 지고자 한다.

무엇이 무겁단 말인가? 짐을 넉넉히 질 수 있는 정신은 그렇게 묻고는 낙타처럼 무릎을 꿇고 짐이 가득 실리기를 바라고 있다.

영웅들이여, 내가 그것을 등에 짐으로써 나의 강인함을 확인하고, 그 때문에 기뻐할 수 있는, 무거운 짐은 무엇인가? 많은 짐을 질 수 있는 정신이 묻는다.

그것은 자신의 오만함에 상처를 주기 위해 자신을 낮추는 일인가? 자신의 지혜를 비웃기 위해 자신의 어리석음을 드러내는 일이 아닌가? 아니면 우리가 도모한 일이 성공했을 때 그 일에서 손을 떼는 일인가? 유혹하는 자를 유혹하기 위해 높은 산에 오르는 일인가? 그것도 아니면 깨달음의 도토리와 풀로 살아가며, 진리를 위해 영혼의 굶주림을 참고 견뎌 내는 일인가?

혹은 병상에 누워 있으면서 문병 오는 사람들은 집으로 돌려보내고, 네가 바라는 것을 전혀 알아듣지 못하는 귀머거리와 벗하는 일인가? 아니면 진리의 물이라면 더러운 물일지라도 뛰어들고, 차디찬 개구리와 뜨거운 두꺼비조차 물리치지 않는 일인가? 아니면 우리를 경멸하는 자들을 사랑하고, 유령이 우리를 위협할 때 그 유령에게 손을 내미는 일인가?

짐을 넉넉히 질 수 있는 정신은 이처럼 무거운 짐 모두를 짊어진다. 그는 마치 짐을 가득 지고 사막을 향해 서둘러 달리는 낙타와 같이, 그 자신의 사막으로 서둘러 달려간다.

그러나 외롭기 짝이 없는 사막에서 두 번째 변화가 일어난다. 여기에서 낙타는 사자가 된다. 사자가 된 낙타는 이제 자유를 쟁취하고 그 자신이 사막의 주인이 되고자 한다. 사자는 여기에서 그의 마지막 주인을 찾는다. 그는 그 주인에게, 그리고 그가 믿어온 마지막 신에게 대적하려 하며, 승리를 쟁취하기 위해 그 거대한 용과 일전을 벌이려 한다.

(……)

형제들이여, 왜 정신에게는 사자가 필요한가? 짐을 질 수 있는 짐승, 저 체념하는 마음, 공경하고 두려워하는 마음으로 가득한 짐승이 되는 것만으로는 왜 만족하지 못하는가?

(……)

형제들아! 자유를 얻어 내고, 의무에 대해서조차도 신성하게 '아니오' 라고 말할 수 있기 위해서는 반드시 사자가 되어야 한다.

새로운 가치를 위한 권리를 쟁취하는 것, 그것은 짐을 넉넉히 질 수 있는, 그리고 외경하는 마음으로 가득한 정신에게는 더없이 놀랄 만한 소득이다. 그에게 있어 그것은 일종의 약탈이며 약탈하는 짐승이나 할 수 있는 일이다.

정신도 한때는 '너는 마땅히 해야 한다' 는 명령을 더없이 신성한 것으로 사랑했다. 이제 그는 자신의 사랑에서 자유를 빼앗기 위해 더없이 신성한 것에서조차 미망과 자의를 찾아내야 한다. 바로 이러한 강탈을 위해서 사자가 되어야 하는 것이다.

말해 보라, 형제들이여. 사자조차 할 수 없는 일을 어떻게 어린아이가 해 낼 수 있는가? 왜 강탈을 일삼는 사자는 이제 어린아이가 되어야 하는가? 어린아이는 천진난만이요, 망각이요, 새로운 시작, 놀이, 스스로의 힘에 의해 돌아가는 바퀴, 최초의 운동, 거룩한 긍정이다.

나의 형제들이여, 창조적인 놀이를 위해서는 거룩한 긍정이 필요하다. 정신은 이제 자기 자신의 의지를 욕구하며, 세계를 상실한 자는 자신의 세계를 되찾는다.

나는 너희들에게 정신의 세 단계 변화에 대하여 이야기했다. 어떻게 정신이 낙타가 되고, 낙타가 사자가 되며, 사자가 마침내 어린아이가 되는가를 말이다.

– 니체, 《차라투스트라는 이렇게 말했다》 참고

생각 쓰기

Note& guide 주요 개념 및 배경 지식

1 가치

가치는 일반적으로는 값어치, 값을 의미한다. '이 보석의 가치는 무척 크다' 고 말하는 것은 그런 의미이다. 그러나 철학에서 가치는 아름다운 것, 즐거움을 주는 것, 소중한 것, 좋은 것, 바람직한 것 등 인간의 삶에서 큰 의미를 갖는 것을 뜻한다. 예를 들어서, 건강, 생존, 돈, 재산, 우애, 사회적 지위, 인격, 미덕, 선함 등은 모두 '가치 있는 것' 이라고 할 수 있다.

2 놀이

놀이란 즐거움을 얻기 위해 자발적으로 행하는 모든 활동을 일컫는다. 사람의 활동 중에서 생존, 즉 먹고사는 문제와 관련된 것을 일 또는 노동이라 하는데, 놀이는 이러한 일 또는 노동과 대립되는 개념이다. 일과 놀이는 모두 인간의 자기실현을 위한 것이다. 하지만 놀이는 즐거움이나 재미가 목적인 반면, 일에서는 즐거움이나 재미를 얻을 수도 있지만 이런 것이 필수적인 요소는 아니다.

03강 영원 회귀 사상

case 1 니체의 '영원 회귀'는 어떠한 사상인가? 그리고 이 사상이 그의 '초인' 사상과 어떤 관계가 있는지 다음 글을 읽고 논하시오.

그대가 무엇을 가르치고 있는지 우리는 알고 있다. 만물은 영원히 되돌아오며, 우리 자신도 되돌아온다는 것이 아닌가. 우리가 이미 무한한 횟수에 걸쳐 이미 존재했으며, 모든 사물 또한 우리와 함께 그렇게 존재했다는 말이 아닌가.

(……)

차라투스트라여, 그대가 죽기를 바란다면, 우리는 그대가 그대 자신에게 무슨 말을 할지 이미 알고 있다.

(……)

그대는 조금도 떨지 않고 행복에 겨워 안도의 숨을 쉬며 말하리라. 크나큰 무거움과 후텁지근함이 그대를 떠나게 될 것이기 때문이다. 더없이 참을성 있는 그대여!

"이제 죽자. 사라지자. 한순간에 나는 무로 돌아가리라. 영혼이란 것도 신체와 마찬가지로 죽을 수밖에 없는 존재이다."

그대는 이렇게 말할 것이다.

그러나 나를 얽어매고 있는 원인의 매듭은 다시 돌아온다. 그 매듭은 나를 새롭게 창조하리라! 나 스스로 영원한 회귀의 여러 원인에 속해 있는 것이다.

나는 다시 온다. 태양과 대지, 독수리와 뱀과 더불어. 그렇다고 내가 새로운 생명이나 좀 더 나은 생명, 아니면 비슷한 생명으로 다시 오는 것은 아니다.

나는 큰 것에서나 작은 것에서나 동일한 생명으로 영원히 되돌아오는 것이다.

– 니체, 《차라투스트라는 이렇게 말했다》 참고

"니체가 영원 회귀를 이야기한 이유는 수레바퀴처럼 반복되는 우리의 삶에서 지금 이 순간에 최선을 다한다면 그 다음 생도 최선을 다한 지금의 삶이 반복될 거라고 믿었기 때문이야. 그렇다면 지금 이 순간의 삶에 충실해야겠지? 그러면서 초인에 가까워지는 거고. 즉, 영원 회귀 안에서 초인이 태어난다, 이 말씀!"

"아하, 그러니까 니체의 초인 사상과 '힘에의 의지' 완결판이 바로 영원 회귀인 셈이네요."

– 《니체가 들려주는 슈퍼맨 이야기》 중에서

생각 쓰기

04강 몸과 행복

case 1 니체는 인간의 몸을 행복의 원천이라고 본 반면 플라톤은 육체와 행복의 관계를 다르게 보았다. 다음 글을 읽고 플라톤이 생각한 인간의 행복이 니체의 사상과 어떻게 다른지 서술하시오.

플라톤은 몸을 '영혼의 감옥'이라고 비하했습니다. 먹고 잠을 자는 등 몸이 원하는 생리적인 욕구는 정신에 비해 열등한 것이라고 여겼고, 진정한 행복은 몸을 통해서는 얻을 수 없다고 말하기도 했습니다.

– 《니체가 들려주는 슈퍼맨 이야기》 중에서

플라톤의 사상은 《국가론》에 나오는 '동굴의 비유'에서 잘 표현되고 있다. 이 비유는 동굴 속에 결박된 채로 갇히어 있는 죄수들에 관한 이야기이다. 이 죄수들은 날 때부터 손이 몸 뒤로 결박되어 있고 목도 뒤로 돌릴 수 없게 되어 앉은 채로 동굴의 벽만 바라보고 있다. 이것은 쇠사슬에서 벗어날 수 없는 죄수들의 운명으로서 플라톤은 인간 전체의 운명을 여기에 비유한 것이다.

이들 죄수들이 바라보는 동굴의 벽에는 여러 가지 영상이 나타나고 있는데 죄수들은 이것을 보고 그 영상이 실제로 있는 것이라고 믿고 있다. 그러던 중 한 죄수가 결박에서 풀려 나와 앉았던 자리로부터 일어나 뒤를 돌아보고 뛰쳐나올 수 있게 되었다. 이때 자유를 얻은 죄수는 새로운 사실을 발견하게 되었다. 지금까지는 동굴의 벽에 비치는 영상이 실제로 존재하는 것이라고 믿고 있었는데 그것은 한갓 그림자에 지나지 않는다는 사실이다.

죄수들이 웅크리고 앉아 있는 그 배후에는 높은 단이 있고 그 단 뒤에는 횃불이 불타고 있는데, 그 단에서 어떤 사람이 말이나 사람 또는 개의 형상을 들고 있으면, 불빛에 그 형상이 비쳐 동굴 벽에 한 영상으로 나타났다. 결박된 죄수들은 이것을 모르고 다만 벽에 나타나는 것이 바로 실재라고 착각한 것이다. 자유를 얻은 죄수는 이런 새로운 사실을 발견하고 전에 자기가 얼마나 몽매했던가를 알게 되었다.

자유를 얻은 죄수는 동굴 밖으로 나가는 길을 찾아 마침내 동굴 밖의 세계로 나오게 된다. 이때 그는 찬란한 햇빛 때문에 눈을 뜰 수가 없어 고생하다가 차츰 눈을 떠서 진짜의 세계를 볼 수 있게 되었다. 그는 동굴 안에서 본 말의 형상이 아니라 참으로 살아 있는 말을 볼 수 있었고 참으로 살아 있는 나무도 볼 수 있었다.

동굴 안에서 보였던 희미한 영상과 달리, 동굴 밖의 세상은 너무나도 분명했다. 그는 참된 세상을 접하게 된 것이다. 이 죄수는 동굴 안의 동료들이 불쌍하다는 생각이 들어 다시 동굴로 들어갔다. 그러고는 동료들에게 자기가 발견한 새로운 사실, 즉 참된 세계에 관한 이야기를 전해 주었다. 그러나 동료들은 이 사람의 말을 곧이듣지 않고 오히려 거짓말쟁이라고 비난했다.

생각 쓰기

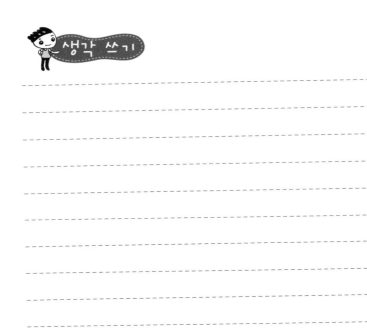

case 2 다음 글을 참고해서 금욕주의는 어떤 것이며, 이러한 입장은 인간의 행복에 관해 어떻게 생각하는지 서술하시오.

스토아학파는 플라톤과 아리스토텔레스의 전통을 이어받았다. 이들은 감각이나 욕망 대신 이성이 인간의 정신을 지배해야 한다고 생각했다. 이들에게 있어서 이성이란 인간의 본성일 뿐만 아니라, 삶과 세계의 본성이기도했다. 즉, 이 우주에는 만물을 지배하는 보편적인 이성이 있고, 인간 개개인의 본성에도 이러한 이성이 있다고 주장했다. 그런데 감정은 옳고 그른 것에 대한 우리의 판단을 흐리게 함으로써 우리 마음의 평정을 빼앗는다. 하지만 우주적 인과 관계와 자연법칙을 제대로 깨닫는다면, 우리 개개인의 이성은 보편적인 이성과 하나가 된다. 바로 이때 어떠한 상황 속에서도 동요하지 않는 정신 상태가 찾아오는데 이것이 바로 아파테이아(apatheia)이다.

– 고등학교 교과서 《윤리와 사상》 참고

생각 쓰기

case 3 니체는 인간의 몸을 행복의 원천으로 꼽았다. 다음 글을 참고하여 왜 니체가 플라톤과 달리 육체를 중요하게 보았는지 논하시오.

니체는 현실주의자였습니다. 그는 플라톤이 그토록 비하시켰던 몸을 행복의 원천으로 꼽았습니다. 수많은 종교들 가운데 특히 기독교를 혹독하게 비판한 니체는 '신은 죽었다' 는 선언으로 인간의 영혼을 구원한다는 하늘나라는 사실 우리의 삶에 대한 소망을 표현한 것에 불과하다고 보았습니다.

그래서 하늘을 땅보다 더욱 중요시하고, 사후 세계를 현실보다 가치 있는 것으로 보는 종교의 교리를 비판한 것입니다. 종교의 교리에 따르자면 우리가 살아 숨 쉬는 기간은 다만 잘 죽기 위한 준비 기간에 지나지 않았기 때문입니다.

니체는 종교가 주장하는 천상의 세계에서 잘 살기를 기원하기보다는 현실과 현재의 삶에 충실함으로써 행복을 찾을 수 있다고 말했습니다.

– 《니체가 들려주는 슈퍼맨 이야기》 중에서

전체적 '몸' 의 현상은 마치 산술학이 일 곱하기 일의 위에 위치하듯, 지적 척도에 따라 측정하자면 우리의 의식과 정신과 의식적 자유, 느낌과 의지보다 상위에 있다.

– 니체, 《유고》 참고

생각 쓰기

Note& guide

주 요 개 념 및 배 경 지 식

1 금욕주의

금욕주의는 정신적인 이상이나 목표에 도달하기 위해서는 육체적 욕망을 억제해야 한다고 주장하는 사상이다. 기독교나 불교, 이슬람교 등, 대부분의 종교에는 이런 금욕주의가 어느 정도 포함되어 있다.

2 몸

몸은 생물, 특히 인간의 육체를 가리킨다. 플라톤 이래 서양의 철학은 인간을 몸과 정신으로 나누어 생각했으며, 이때 몸은 온갖 동물적 욕구의 근원이라 여겨졌다. 그렇기 때문에 몸은 인간을 동물로 끌어내리는 영역으로 폄하되었고, 심지어는 인간이 행하는 모든 악의 근원으로 멸시되었다. 니체는 이러한 생각에 반대하여 몸이 정신보다 더 중요한 것이라고 주장했다.

아비투어 철학 논술

예시 답안

case 1 니체는 '힘에의 의지'가 모든 생명체 행동의 근본에 놓여 있다고 본다. 다시 말해 모든 생명체의 행동은 힘에의 의지에 의해서 설명된다. 이러한 힘에의 의지는 쉽게 말하면 살아남아 자신을 실현하려는 충동이다. 이 세상의 모든 변화와 발전은 이 충동을 전개하는 생명체의 상호 작용에서 비롯되는 것이다.

인간의 경우에도 힘에의 의지는 가장 근본에 놓여 있는 본성이다. 인간은 이러한 힘에의 의지에 의해서 살아가는 것이다. 인간은 힘에의 의지를 전개시키고 확장시킬 때 행복감을 느끼며 이것이 제지되면 괴로움을 느낀다. 따라서 어떻게든 힘에의 의지를 전개하고 싶어 한다.

인간이 영위하는 모든 삶에 이처럼 힘에의 의지가 있다면, 인간의 일상적인 삶은 물론 철학과 도덕, 종교, 정치, 과학 및 여타 문화 역시 힘에의 의지가 전개된 다양한 현상이라고 볼 수 있을 것이다. 물론 힘에의 의지는 이처럼 건설적이고 창조적으로만 나타나지 않는다. 자신을 실현하려는 충동과 욕구, 즉 힘에의 의지는 그 실현에 방해가 되는 것이 나타나면 이를 물리치고 제거하려 하기 때문이다. 그렇기 때문에 인간의 삶을 포함한 모든 생명체의 세계에는 다툼과 갈등이 자주 나타날 수밖에 없다.

case 1 '힘에의 의지'는 모든 생명체가 갖는 생존과 자기실현의 본성이다. 인간 역시 생명체이기에 힘에의 의지를 원초적인 본성으로 갖고 있다. 모든 인간은 힘에의 의지에 의해 움직이며, 이 의지를 무한정 전개하고 싶어 한다. 그럴 때에만 충족감과 행복을 느낄 수 있기 때문이다. 그러나 현실에서 인간은 힘에의 의지를 무한정 전개할 수 없다. 인간은 힘에의 의지를 가진 다른 존재들은 물론 돌이나 공기 같은 비생명체, 산이나 바다 같은 환경, 기후 현상 등에 의해서도 많은 제한을 받을 수밖에 없기 때문이다. 그리고 어쩌면 비생명체나 자연현상에도 힘에의 의지가 있어 자신을 실현하려 하고, 이러한 의지가 인간의 의지와 충돌하는 것인지도 모른다는 게 니체의 생각이다.

따라서 이 세상에서는 강한 존재일수록 힘에의 의지를 더 많이 실현시킬 수 있다. 각자가 가진 힘에의 의지를 전개하려는 경쟁과 싸움에서는 강한 존재여야 약한 존재를 누를 수 있기 때문이다. 인간은 이 세상에서 다른 생명체보다 강한 존재가 될 수 있는 가능성을 갖고 있다. 인간에게는 그 어떤 영리함이 있기 때문이다. 하지만 니체가 모든 인간을 초인이라고 부르는 것은 아니다. 인간들 중에도 약한 존재와 강한 존재의 구별이 있다. 니체는 강한 인간을 초인이라고 부른다. 강한 존재로서의 초인은 자신이 가진 힘에의 의지를 실현하기 위해 끊임없이 노력하는 존재이다. 인간에게는 이런 의지의 실현을 막는 조건이 안팎으로 존재한다. 즉 외부에서 인간의 자기실현을 방해하는 요소도 있지만 인간 스스로 갖고 있는 한계도 있다. 초인은 이런 모든 방해

요소를 극복하려 애쓰는 인간이다. 그리고 좀 더 높은 지점에 도달해서도 쉽게 자족하지 않고 더 나은 존재가 되려고 애쓰는 인간이다.

case 2 니체는 인간의 발달 과정 내지 등급을 낙타, 사자, 어린아이의 세 단계로 구분한다. 그에 따르면, 낙타는 다른 사람들이 원하거나 지시하는 사항을 비판 의식이나 성찰 없이 따르는 사람을 말한다. 이런 사람은 남이 정해 놓은 의무와 원칙, 가치 등을 순순히 따르기만 한다. 낙타처럼 누군가 무거운 짐을 지우면 힘들어도 묵묵히 참고서 짐을 옮기는 존재인 것이다. 이런 사람은 다른 존재가 가진 힘에의 의지에 짓눌려 자신의 힘에의 의지는 실현시킬 엄두도 내지 못한다.

반면에 사자는 자신의 의지대로 자신의 삶을 독립적으로 살아가는 힘을 지닌 존재이다. 이런 존재는 기존의 가치와 규범에 얽매이지 않고 이를 얼마든지 부정하고 비판하며 자신의 삶을 자유롭게 살아간다. 자신이 가진 힘에의 의지를 마음껏 전개하는 존재인 것이다. 고로 사자는 니체가 말하는 초인일 수 있다.

하지만 사자는 니체가 요구하는 궁극적인 단계, 진정한 초인의 단계는 아직 아니다. 사자는 다른 존재를 억누르려 하고 적이 나타나면 제거하려 드는 방식으로, 다시 말해 다른 존재들을 부정하려 드는 방식으로 힘에의 의지를 전개한다. 니체는 이보다 더 높은 단계가 어린아이의 단계라고 생각한다. 어린아이란 순진무구하게 놀이를 하며 사는 존재이다. 어린아이는 이 세계의 선과 악, 미와 추 등의 가치를 시시콜콜 따지지 않으며 다른 존재를 억눌러서 자신을 실현하려 하지도 않는다. 어린아이는 그저 놀이에 열중하면서 자신을 마음껏 실현할 뿐이다. 요컨대 놀이를 하는 어린아이는 그 무엇에도 짓눌리지 않고, 그 무엇도 짓누르지 않으며 이 세계를 철저히 긍정한다. 이런 이유에서 니체는 참된 초인이 되려면 어린아이와 같은 존재가 되어야 한다고 말한다.

주제탐구 03 강 영원 회귀 사상

case 1 영원 회귀 사상은 우리가 영원히 같은 모습으로 되풀이되는 삶을 반복해서 살아야 한다는 내용을 담고 있다. 그런데 이러한 영원 회귀 사상은 과학적으로 증명될 수 있는 것이 아니고, 니체 역시 이를 개념적으로 증명하려 하지는 않았다. 다만 니체는 '만약 우리의 삶이 이렇게 영원히 되풀이되는 것이라면 어떻겠는가?' 라고 물었을 뿐이다. 즉 '삶이 만약 이런 것이라면 우리 인간은 삶을 어떻게 대할 것인가? 더욱 심한 허무주의에 빠져들 것인가, 아니면 삶을 더욱 적극적으로 긍정하며 살게 될 것인가?' 라는 물음이 그의 주된 관심사였다.

니체에 따르면, 우리는 영원 회귀 사상을 받아들일 때 지금까지보다 삶을 더 긍정적으로 살 수 있는 가능성을 갖게 된다. 만약 참된 삶이 내세에 있고 지금 삶은 아무것도 아니라고 한다면 우리는 현재의 삶을 긍정하기가 어렵게 된다. 또한 삶이 지금 한 번뿐이라고 생각하면 우리는 삶이 너무나 헛된 것이라는 감정에서 헤어날 수 없을 것이다. 그리고 지나간 시간의 모든 실수와 오류에 대한 회한의 감정에서 벗어나기도 어려울 것이다. 그리고 이런 감정은 우리가 삶을 긍정적으로 받아들이는 것을 방해한다.

하지만 우리에게 같은 삶이 영원히 반복될 것이며 다른 선택의 여지가 없다고 생각하면, 우리는 내세 때문에 현세를 소홀히 대하지 않게 된다. 어차피 내세도 지금보다 더 나은 삶이 아닐 것이기 때문이다. 그리고 지나간 시간의 잘못은 아무리 내세가 존재해도 교정될 수 없는 것이므로, 즉 똑같이 반복될 것이므로 순순히 받아들이는 것밖에 다른 선택의 여지가 없다고 생각하게 된다. 회한의 감정이란 '그때 달리했어야 했는데' 혹은 '다시 기회가 주어진다면 바꿀 텐데' 라는 생각이다. 하지만 아무리 되풀이되어도 바꿀 수 없는 것이라면 이런 회한 자체가 부질없다는 생각을 하게 되고 그런 오류와 실수마저 온전히 내 삶이라는 생각을 하게 될 것이다. 더불어 지금부터의 삶을 더욱 알차게 만들기 위해 최선을 다하게 될 것이다. 그래야만 되풀이될 삶에서도 그런 삶을 살게 될 것이기 때문이다. 즉 지금부터의 삶은 최선을 다해 초인의 경지에 이르도록 노력하는 삶이어야 한다. 이처럼 니체의 영원 회귀 사상은 우리로 하여금 초인의 삶을 살도록 권하는 것이다.

주제탐구 04강 몸과 행복

case 1 플라톤의 '동굴의 비유' 는 두 가지 세계, 즉 동굴 속의 세계와 동굴 밖의 세계에 관해 말하고 있다. 여기서 동굴 속의 세계는 우리가 살고 있는 현재의 세계를 말하고, 동굴 밖의 세계는 참된 세상을 가리킨다.

동굴 속에서 사는 사람들은 밧줄에 꽁꽁 묶인 채 한갓 그림자에 불과한 것을 참이라고 믿고 산다. 하지만 밧줄을 풀고 동굴 밖에 나간 사람은 그림자가 아닌 참된 존재를 알게 된다. 그런데 이 사람이 동굴로 돌아가서 동료들에게 참된 세상에 관해 말했을 때, 동료들은 어리석음에 사로잡혀 그의 말을 듣지 않는다. 여기서 밧줄에 묶인 사람들은 육체의 한계에 갇혀 있고 자신의 이성을 제대로 사용하지 못하는 어리석은 사람들이다. 반면에 동굴 밖으로 나가는 사람은 육체라는 한계에서 벗어나 자유로이 이성을 사용하고 그렇게 해서 참된 세상을 알 수 있는 사람이다.

이런 '동굴의 비유' 에서 알 수 있듯이, 플라톤은 현재 우리가 사는 세상은 가짜 내지 그림자에 불과하며 인간의 육체란 그런 어리석음에 머물러 있게 하는 요소에 지나지 않는다고 생각한다. 인간이 참된 것을 알 수 있는 것은 오로지 이성의 힘을 통해서이다. 생각과 깨달음의 능력인 이성은 인간으로 하여금 육체적 한계를 넘어설 수 있게 해 준다. 그리고 플라톤은 참된 세상을 아는 것이 인간의 행복이라 생각하기 때문에 이성이야말로 행복을 얻을 수 있는 통로이며, 욕구 충족만을 원하는 인간의 육체는 행복에 이르는 통로가 되지 못한다고 말한다.

니체는 플라톤과 달리 인간의 육체야 말로 행복의 원천이라고 생각했다. 그는 인간이 두 발을 딛고 서 있는 현실 세계에서 진정한 행복을 찾아야 하는데 그러기 위해서는 가장 먼저 눈에 포착되는 인간의 몸, 정신이 깃든 육체를 중요시 할 수밖에 없다고 주장했다.

case 2 스토아학파의 철학은 고대 그리스에서 생겨난 철학으로 '자연과 조화롭게 사는 삶' 을 목표로 삼았다. 이 철학은 로마 제국 말기에 큰 영향력을 발휘했고 중세의 기독교 사상에도 많은 영향을 끼쳤다. 그런데 스토아학파 역시 인간의 본성을 이성과 육체적 욕망으로 나눈다. 그리고 육체적 욕망이나 충동이 지나칠 경우, 다시 말해 이성의 억제 아래 있지 않을 경우, 인간은 조화로운 삶을 살 수 없다고 말한다. 즉 인간의 육체는 언제나 이성의 통제를 받아야 한다고 보며, 그런 점에서 이성을 육체보다 우위에 둔다. 이처럼 육체적 욕구가 통제된 상태를 스토아학파는 아파테이아라고 부른다. 따라서 조화로운 삶이라는 스토아학파의 목표는 달리 보면 아파테이아라고도 할 수 있다. 이러한 스토아학파의 학설은 전형적인 금욕주의이다. 즉 금욕주의는 인간의 욕망을 억제하는 것이 옳다고 생각하는 사상적 입장이다. 아파테이아의 사상이 말해 주듯이, 스토아학파와 같은 금욕주의는 인간이 이성의 힘을 발휘하고 육체적 욕망을 적절히 통제할 때에만 참된 행복에 다다를 수 있다고 주장한다.

case 3 플라톤 이래 서양 사상의 역사를 보면 신이나 내세, 영원한 영혼에 대한 믿음으로 가득 차 있다. 그리고 이런 전통에서는 몸과 분리된 사유의 능력인 이성에 의해서만 신이나 영원성 등에 다다를 수 있다고 주장한다. 하지만 니체는 신이나 내세 등은 모두 인간이 지어 낸 허구에 불과하다고 본다. 그 대신 니체는 인간이 발붙이고 사는 이 세상의 중요성을 강조하며, 또 인간의 몸과 그 욕구가 이성보다 더 근원적인 것이라고 생각한다. 다시 말해 '힘에의 의지'는 먼저 육체에서 발현되는 것이지 이성에 의해서 실현되는 것은 아니라고 보는 것이다. 그리고 인간의 행복은 힘에의 의지를 최대한 발현하는 데서 실현되는 것이므로, 인간의 육체는 행복을 얻을 수 있는 주요 원천이 된다. 하지만 니체는 이성이 인간에게 아무 쓸모없는 것이라고 말하는 것은 아니다. 이성 역시 힘에의 의지에서 비롯된 인간의 능력이며 다른 동물에 비해 탁월한 능력이다. 그리고 힘에의 의지가 이성을 통해서도 실현되는 한 이성 역시 행복을 얻는 수단이 된다. 또 한 가지 주의할 점은, 니체가 몸이 행복의 원천이라고 주장했다고 해서 감각적인 욕구 내지 동물적 욕구만 충족되면 우리가 행복해질 수 있다고 말한 것은 아니다. '원천' 이라는 것은 그것이 제일 먼저 시작되었다는 발생론적인 근원점을 말해 주는 것이지, 육체가 행복에 이르는 척도가 된다는 것을 주장하는 것은 아니기 때문이다.

Abitur

철학자가 들려주는 철학이야기 019

예수가 들려주는 십자가 이야기

저자_양일동
광주신학교와 전남대학교 철학과를 졸업하고 동 대학원에서 석사 학위를 받았다. 현재 전남대 철학과 박사 과정 중에 있다.

예수의 '십자가'

1. 하나님은 어떤 분인가?
2. 그리스도 – 선지자, 제사장, 왕
3. 하나님의 나라
4. 성화(지속적인 거룩한 삶)
5. 예수의 가르침과 현대 윤리

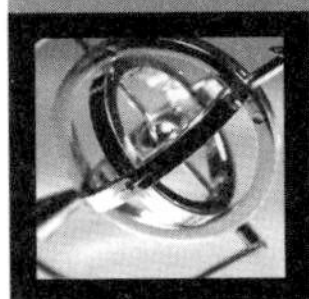

예수의 '십자가'

1 하나님은 어떤 분인가?

기독교는 유일신 종교이며 인간에게 신은 오직 하나님 한 분만 있고 다른 신은 신이 아니라는 믿음을 갖고 있다. 《성경》에서 말하는 오직 유일하게 홀로 하나인 하나님은 어떤 분일까?

《성경》에 하나님은 스스로 존재하는 신으로 나타나 있다. 어떤 다른 기원에 의해 생겨나거나 만들어진 존재가 아니라 영원 전부터 영원까지 스스로 존재하는 그런 신이라는 것이다. 《성경》은 하나님 한 분 외에는 다른 신이 있을 수 없고 하나님 외의 모든 존재하는 것들은 하나님에 그 기원을 갖고 있다고 한다. 하지만 《성경》에서 하나님은 성부 하나님, 성자 하나님, 성령 하나님으로 나타난다. 즉 《성경》은 세 하나님을 보여 주는 것처럼 보인다. 이를 삼위일체라고 부르는데, 기독교의 교리 중 가장 이해하기 힘든 것이다. 《성경》에서 하나님은 모든 것을 계획하고 이루시는 '아버지' 로 표현되고 있다. 또한 예수는 하나님의 아들이라고 부르는데 또 그 자신이 하나님이라고도 한다. 그리고 하나님을 믿고 예수를 따르는 자들을 지속적으로 이끌어 하나님의 나라에 이끄는 존재로서 성령을 하나님이라고 한다. 《성경》에 나타나기는 분명 세 하나님이지만 《성경》은 언제나 유일한 한 분 하나님만 있다고 말한다. 그러므로 삼위일체라는 교리는 명확히 설명할 수 없고 또 이해할 수도 없는 기독교에서의 하나님의 신비한 측면이라고 할 수 있다.

하나님은 우리가 생각하는 신의 속성을 모두 갖고 있다. 하나님을 아는 사람이나 모르는 사람 누구나 신에 대해 어떤 관념을 갖고 있다. 즉 신은 모든 것을 알고 있고 모든 것을 할 수 있으며 모든 것을 제 뜻대로 이루어 가는 분이라는 등의 생각이 그것이다. 이러한 신의 속성은 《성경》에서도 그대로 나타난다. 기독교의 하나님은 스스로 존재하고 불변하며 무한하다. 그는 선하고 지혜로우며 모든 것을 할 수 있고 모든 것을 계획하여 그대로 실행한다. 《성경》에 나타난 하나님은 다른 종교의 신들과 약간의 차이점은 있지만, 절대적으로 완전한 신이라는 측면에서 많은 공통점을 갖고 있기도 하다.

《성경》은 두 종류의 신을 말하고 있다. 하나는 인간에 의해 만들어진 신이고 다른 하나는 인간이 있기 이전에 존재하였으며 인간을 만들어 자신을 그들에게 알린 신이다. 기독교의 하나님은 인간을 구원하기 위해 스스로 인간 세상에 온 하나님이다. 이는 타락한 인간을 구원하기 위해 인간의 몸으로 태어나 죽음으로써 하나님 자신의 계획을 이룬다는 것으로 기독교 외의 다른 종교에서는 찾아보기 힘든 이야기이다.

2 그리스도 – 선지자, 제사장, 왕

그리스도의 문자적인 의미는 '기름 부음을 받은 자' 이다. 《성경》에서는 예수를 그리스도라고 부른다. 예수가 기름 부음을 받은 자라는 것은 무엇을 뜻하는 것일까?

《성경》 구약 시대의 사람들은 하나님의 특별한 일을 할 사람에게 기름을 부어 그 직위를 임명하였다. 이러한 직분에는 선지자, 제사장, 왕 세 가지가 있었다. 그런데 예수는 선지자였을까? 아니면 제사장이나 왕이었을까? 《성경》은 예수가 이 세 가지 역할을 모두 하였다고 한다.

《성경》에서 말하길 선지자들은 하나님의 메시지를 받아 그것을 다른 사람들에게 전하는 일을 하였다. 예수도 이와 같이 이 땅에서 하나님의 메시지를 선포하였다. 3년간의 활동 기간 동안 그는 지속적으로 하나님의 말씀과 그 뜻을 사람들에게 가르쳤다. 하지만 그는 그 자신이 하나님이었으므로 다른 선지자들처럼 하나님의 말씀을 대언하는 자가 아니었다. 그러므로 그는 일시적인 선지자와 달리 완전한 선지자라고 《성경》은 말한다.

제사장은 하나님께 제사를 드리는 일을 하는 사람이었다. 어느 누군가가 죄를 짓고 그 죄를 하나님 앞에 나아가 용서를 받고 싶을 때 그는 그 죗값으로 적절한 동물이나 곡식을 갖고 제사장에게 갔다. 제사장은 그것을 가지고 불로 태우거나 제단 앞에서 흔드는 등의 제사 행위를 통해 하나님 앞에서 그의 죄의 회개를 돕는 일을 했다. 즉 제사장은 죄의 문제와 관련하여 하나님과 인간의 가운데에서 일을 했던 것이다. 《성경》은 예수가 이와 같은 일을 하였기 때문에 제사장이라고 한다. 그는 모든 사람들이 갖고 있는 원죄를 해결하기 위해 죄 없는 인간인 자신을 사람들이 저지른 죄의 값으로 하나님께 드림으로써 그 죄를 해결했다는 것이다. 그 자신이 희생양이자 제물이 되어 하나님과 인간의 중간에 있던 죄의 문제를 해결했기 때문에 예수는 완전한 제사장이라고 한다.

예수는 하나님을 믿고 그를 따르는 모든 사람들의 왕이다. 그를 믿는 모든 사람들은 예수를 그들의 주인이며 왕으로 섬기고 따른다. 또한 예수는 하나님 나라의 왕으로서 그의 백성들을 다스린다고 한다.

이처럼 기독교의 예수는 그리스도로서 그 자신이 하나님이므로 완벽한 선지자요 인간의 죄를 위해 스스로 희생 제물이 된 참된 제사장이며 현세와 내세에서 그를 믿고 따르는 이의 왕이라는 세 직분을 동시에 갖고 있다고 할 수 있다.

3 하나님의 나라

나라는 세 가지 조건이 갖추어졌을 때 성립한다. 영토와 주권과 국민이 그것이다. 대중 앞에 처음으로 나선 예수가 외친 말은 "하나님의 나라가 가까이 있으니 회개하십시오!" 였다. 그가 가까이 있다고 말한 하나님의 나라는 어디에 있으며 누가 다스리고 누가 그 나라의 국민일까? 역순으로 살펴보자.

먼저 하나님의 나라의 백성은 물론 예수를 믿는 사람들이다. 예수를 믿는다는 것은 예수가 한 일이 자기 자신과 연관된 일이라는 것을 믿는다는 의미이다. 예수가 내 자신이 갖고 있는 원죄의 문제를 해결한 완전한 하나님이라는 것을 믿고 받아들일 때 그는 하나님의 자녀로 받아들여지고 그 나라의 백성이 된다. 《성경》에는 "그의 이름을 믿는 자들에게, 그를 받아들이는 자들에게 하나님의 자녀가 되는 권리를 주었다" 고 쓰여 있다. 이와 같은 하나님의 자녀들만이 하나님의 나라의 백성으로서 살 수 있는 것이다.

예수를 믿고 하나님의 자녀가 된 사람들은 다른 어느 누구의 다스림도 아닌 하나님의 다스림을 받는다. 즉 하나님의 나라는 하나님이 다스리는 나라이다. 그의 다스림을 인정한 사람들만이 그의 백성이 되기 때문에 하나님의 나라에 다른 주권자가 있을 수가 없다.

하나님의 나라가 가까이 있다고 말한 예수는 이후 수많은 사람들을 가르치는 도중 "하나님의 나라가 이미 너희 안에 있다"고 말한다. 수천 년 동안 하나님의 나라를 기다렸던 이스라엘 사람들이 어리둥절하여 그 의미를 이해하지 못하는 모습이 《성경》에 등장한다. 이미 우리 안에 있는 하나님의 나라는 하나님을 믿는 사람들 개개인을 하나님이 그의 뜻으로 다스린다는 의미이다. 이와 같은 맥락에서 하나님의 나라는 개개인뿐만 아니라 공동체에서도 이루어질 수 있다. 즉 하나님을 믿는 사람들이 모여 하나님의 뜻을 따라 행동하는 그 공동체가 곧 하나님의 나라라는 것이다. 이 하나님의 나라는 지속적으로 확장되고 역동적으로 활동하는 나라이다. 우리 주위에서 볼 수 있는 수많은 교회 건물 자체는 하나님의 나라가 아니라 그 안에 모인 사람들 개개인과 그 공동체가 하나님의 나라인 것이다.

《성경》은 이 세상이 끝나는 날, 즉 예수가 다시 이 세상에 오는 날 하나님의 나라가 완벽하게 이루어질 것이라고 말한다. 새 하늘과 새 땅에서 하나님이 그의 백성들을 영원히 다스린다는 것이다.

4 성화(지속적인 거룩한 삶)

성화는 '거룩하게 됨' 을 의미한다. 거룩하다는 것은 구별한다는 것이다. 이것은 하나님을 섬기고 예배하기 위해 속된 것들과 구별된다는 것을 의미한다. 또한 성화는 하나님 앞에서 죄가 되는 그런 삶을 완전히 떠나 하나님을 늘 기쁘게 하며 사는 삶이다. 그러나 성화가 이 세상에 살고 있는 인간에게 가능한 것은 아니다.

《성경》에서 인간은 원죄의 문제를 가지고 있지만, 예수를 통해 그 문제를 해결한 사람들은 이미 한 번 다른 것으로부터 구별이 되었다고 한다. 즉 하나님을 믿지 않은 사람들과의 구별이 그것이다. 《성경》은 하나님을 믿는 사람들을 그리스도인이라고 부르며 그들을 거룩한 사람들이라고 부른다. 그러나 하나님을 믿는다고 해도 우리가 아직 인간의 몸으로 이 세상에 살고 있는 동안에는 늘 죄의 유혹을 받는다고 한다. 따라서 우리는 지속적으로 삶 속에서 일어나는 죄로부터 구분될 필요가 있다. 기독교는 이러한 그리스도인들의 삶을 성화의 과정이라고 부른다.

성화의 과정 속에 있는 그리스도인들은 매일의 삶 속에서 죄를 멀리하고 예수의 가르침을 실천하며 살려고 노력한다. 그러나 언제나 죄를 범하며 그에 대해 회개하고 다시 죄를 멀리하며 사는 그런 과정을 되풀이하게 된다. 성화는 하나님을 믿게 된 그리스도인들의 목표점일 뿐 결코 이 세상에서 완성될 수 없다.

5 예수의 가르침과 현대 윤리

《성경》은 현재 우리가 갖고 있는 여러 윤리적 문제들에 다양한 의견을 제시한다. 비록 그것이 일면 종교적인 색채가 강하여 독단적인 주장으로 비칠 때도 있지만 우리가 맞대고 있는 문제의 해결점을 찾아가는 데 적절한 지침이 되기도 한다. 최근에 대두되고 있는 수많은 윤리적 문제 중 몇 가지를 생각해 보자.

먼저 생명 문제가 대두되고 있다. 특히 이는 의료 분야와 과학 분야에서 대두되고 있다. 안락사 문제, 인공 수정, 임신 중절, 인간 배아 복제의 문제, 동물 실험 등등에 《성경》의 관점을 적용하여 볼 수 있다. 《성경》은 극단적인 생명 존중의 입장을 보이고 있다. 이는 생명 경시 풍조와 대립하여 우리가 적절한 해결책을 찾는 데 도움을 줄 수 있을 것이다.

《성경》의 가르침을 환경 문제와도 연결 지어 볼 수 있다. 주거 공간 확보로서의 개발과 환경 파괴, 핵에너지와 친환경적 에너지 개발 문제, 미래 세대를 위한 자원 보호, 친환경적인 삶의 개선 등에 대해 《성경》이 주는 지혜를 이용할 수 있다. 《성경》은 자연을 인간의 다스림의 대상으로 규정한다. 하지만 다스림이 곧 파괴는 아니다. 《성경》을 통해 자연을 다스린다는 것의 의미를 정확히 찾는 것은 우리의 자연에 대한 새로운 시각을 갖도록 해 줄 것이다.

요즘 인권 문제가 큰 화두로 신문과 언론에 오르내리고 있다. 왜 우리는 사람들을 구분하고 다르게 대하는 것일까? 인간 이하의 삶을 살고 있는 우리 주위의 사람들, 특히 장애인, 외국인 노동자, 비정규직 노동자들은 결코 우리와 거리가 멀지 않은 곳에서 살고 있다. 또한 남자와 여자의 차별, 국제결혼한 가정의 자녀에 대한 사회적 소외 문제, 자국의 이익을 위해 다른 나라를 서슴없이 공격하여 엄청난 학살을 자행하는 국제적인 범죄 행위 등 우리는 매일 삶 속에서 억압과 착취와 차별과 학대의 사례를 무수히 접하고 있다. 이러한 문제들에 대해 2천 년 전 예수는 어떻게 말할까? 예수의 가르침을 통해 우리가 갖고 있는 구조적이고 사회적인 억압의 문제들을 해결할 수는 없을까?

이처럼 다양한 현대 윤리적 문제를 다룸에 있어 《성경》과 예수의 가르침은 이런 문제들에 대한 우리의 폭넓은 이해와 적절한 해결책을 찾는 데 하나의 규준으로서 작용할 수 있을 것이다.

주 제 탐 구

1강 하나님은 존재하는가?
2강 예수는 하나님
3강 믿음과 실천
4강 《성경》과 현대 윤리

01강 하나님은 존재하는가?

case 1 다음 파스칼의 내기가 신을 증명하는 논리로 적합하지 않은 이유를 논하시오.

신의 존재를 증명하는 데 있어서 우리는 다음과 같은 내기를 가정해 볼 수 있다. 그리고 당신은 반드시 이 내기에 참여해야만 한다.

신이 존재하느냐 존재하지 않느냐 하는 데에는 두 가지 가능성밖에 없다. 즉 '신이 존재한다' 와 '신이 존재하지 않는다' 가 그것이다. 자, 만약 신이 존재하지 않는다면 당신이 '신이 존재한다' 에 걸든 '신이 존재하지 않는다' 에 걸든 아무런 잃을 것도 얻을 것도 없다. 그것은 현재와 미래의 나의 행복이나 생명에 관하여 영향을 미칠 신이 전혀 없기 때문이다. 하지만 만약 신이 존재한다면 '신이 존재하지 않는다' 에 내기를 건 사람은 모든 것을 잃게 되지만, '신이 존재한다' 에 건 사람은 모든 것을 얻게 된다. 왜 그럴까? 만약 신이 존재한다면 '신이 존재한다' 에 내기를 건 사람은 그 신으로부터 현재와 미래에 행복과 생명을 얻게 되지만, '신이 존재하지 않는다' 에 내기를 건 사람은 존재하는 신으로부터 얻을 것이 아무것도 없기 때문이다.

그러므로 당신이 만약 이 내기에 참여한다면 당신은 반드시 신이 존재한다는 것을 당연히 받아들이게 될 것이다.

생각 쓰기

Note& guide 주요 개념 및 배경 지식

1 신의 존재 증명

인간의 신앙 대상인 신에 대해 이론적으로 증명하고자 하는 시도들이 수없이 있었다. 대표적으로 존재론적 신 존재 증명과 우주론적 증명 그리고 목적론적 증명이 있다. 알셀름은 다음과 같이 신을 증명하였다. 즉 '우리는 완전한 존재에 대한 관념을 갖고 있다. 따라서 완전한 존재는 있어야만 한다' 고 주장했다. 토마스 아퀴나스는 우주론적 신의 존재 증명을 시도했다. 그는 '이 세상에 존재하는 모든 것에는 원인이 있다. 즉 우연적인 것이 생겨나려면 필연적인 무엇인가가 있어야만 하는데 이 필연적인 것이 신이다' 고 주장했다. 나머지 하나 목적론적 증명은 '이 세상에 존재하는 모든 것은 어떤 목적을 위해 움직이는데, 그 목적을 세우고 모든 존재를 그 목적에 의해 움직이게 하는 존재가 신이다' 는 것이다. 그러나 《성경》은 하나님을 증명하려는 시도를 하지 않는다. 그것은 하나님의 존재를 전제로 하고 있기 때문이다.

2 파스칼(1623~1662)

프랑스의 수학자이자 물리학자이다. 유명한 《팡세》를 저술하였는데, 여기에 그의 '내기' 가 수록되어 있다.

02강 예수는 하나님

case 1 《성경》을 보면 예수는 이 땅에서 수많은 기적들을 행하였다. 그는 단순히 질병의 치료뿐만 아니라 자연법칙을 거스르는 초자연적인 일들을 행하였다. 이러한 초자연적인 일들을 통해 예수의 어떤 면이 강조되고 있는지 논하시오.

예수는 즉시 제자들을 배에 오르게 하고 그가 군중을 보내는 동안에 다른 곳으로 가게 했다. 그는 군중을 보낸 후에 기도하러 산기슭으로 갔고 밤이 되었을 때에도 그는 거기에 혼자 있었다. 배는 이미 육지에서 상당한 거리에 떨어져 있었고 바람 때문에 파도로 고생을 하고 있었다. 한밤중에 예수가 물 위를 걸어서 그들에게로 다가왔다. 제자들이 그가 물 위로 걸어오는 것을 보고 "귀신이다!" 하고 외치며 두려워하였다. 예수가 즉시 그들에게 말했다.

"걱정하지 마십시오. 접니다. 두려워 마세요."

"주님, 만약 당신이라면, 제가 물 위로 걸어 당신께 가게 해 주세요."

베드로가 말하자 예수가 대답했다.

"이리 오십시오."

베드로가 배에서 내려서 물 위를 걸어 예수에게로 갔다. 하지만 그가 바람을 보았을 때 두려워하여 물속으로 빠져들었다.

"주님, 살려 주세요."

베드로가 외쳤다.

예수가 즉시 손을 내밀어 그를 붙잡았다.

"믿음이 적은 사람이여, 왜 의심하였습니까?"

그들이 배에 올랐을 때 바람이 잠잠해졌다. 그러자 배에 있던 사람들이 그를 찬양하며 말했다.

"당신은 진실로 하나님의 아들입니다."

그들이 건너가 게네사렛에 도착했다. 그 지역에 있는 사람들이 예수를 알아보고는 주변의 모든 마을에 알렸다. 사람들은 환자들을 예수에게로 데려와 그의 옷 끝이라도 만져서 병이 낫기를 원했고 마침내 그를 만진 모든 사람들은 치료되었다.

– 《성경》, 〈마태복음〉 14장 22절~36절

생각 쓰기

case 2 이스라엘 사람들에게 예수는 다윗의 자손이며 그리스도라고 불렸다. 다음 글을 읽고 예수가 그리스도는 다윗의 자손이 아니라고 한 이유를 논하시오.

예수가 거기서 나왔을 때 두 소경이 그를 따르며 소리쳤다.

"다윗의 자손이여 우리에게 자비를 베풀어 주십시오."

– 《성경》, 〈마태복음〉 9장 27절

예수가 가이사랴 빌립보 지방에 왔을 때 그의 제자들에게 물었다.

"사람들이 저를 누구라고 하던가요?"

그들이 말했다.

"어떤 사람은 세례 요한이라고 하고 다른 사람은 엘리야, 또 어떤 사람은 예레미야나 선지자 중의 한 사람이라고도 했습니다."

"그러면 여러분은 어떻습니까?"

예수가 물었다.

"여러분은 저를 누구라고 말합니까?"

시몬 베드로가 대답했다.

"당신은 그리스도이며 살아 계신 하나님의 아들입니다."

– 《성경》, 〈마태복음〉 16장 13절~16절

바리새인들이 모였을 때에 예수가 그들에게 물었다.

"여러분은 그리스도에 대해 어떻게 생각합니까? 그가 누구의 자손입니까?"

"다윗의 자손이지."

그들이 대답했다.

예수가 그들에게 말했다.

"그러면 다윗이 성령에 의해 말할 때에 그를 '주님'이라고 불렀는데 어떻게 이럴 수 있습니까? 그는 '주님이 내 주님에게 말했다. 내가 너의 원수들을 너의 발아래 둘 때까지 내 오른편에 앉아 있으라'고 말했습니다. 그러면 만약 다윗이 그를 '주님'이라고 불렀다면, 어떻게 그가 그의 자손이 될 수 있겠습니까?"

– 《성경》, 〈마태복음〉 22장 41절~45절

생각 쓰기

case 3 **예수는 여러 가지 이유로 고소를 당하여 당시 유다 지역을 통치하고 있던 로마의 총독 빌라도에게서 사형을 언도받게 된다. 다음 글을 읽고 예수의 고소 내용을 정리한 후 그것이 사형을 내리기에 충분한 이유가 되는지 자신의 생각을 논하시오.**

예수를 체포한 사람들이 그를 대제사장 가야바에게로 끌고 갔다. 거기엔 율법 교사들과 장로들이 모여 있었다. 베드로는 대제사장의 뜰에까지 예수를 멀리서 따라갔다. 그는 그 결과를 보려고 들어가서 감시인들과 함께 앉았다. 제사장과 온 산헤드린이 예수를 죽이기 위해 그에 대한 거짓 증거를 찾았다. 많은 거짓 증인들이 앞으로 나왔지만 어떤 것도 발견하지 못했는데 마침내 두 사람이 앞으로 나와서 말했다.

"이 녀석이 '난 하나님의 신전을 파괴하고 그것을 삼 일 만에 다시 지을 수 있다' 고 말했습니다."

그러자 대제사장이 일어나서 예수에게 말했다.

"이 사람들이 너에 대해 가져온 이 증거에 대답하지 않을 테냐?"

하지만 예수는 잠자코 있었다.

대제사장이 예수에게 말했다.

"살아 계신 하나님께 맹세코 네가 하나님의 아들 그리스도인지 우리에게 말하라."

"맞다. 당신이 말한 것처럼 그렇다."

예수가 대답했다.

"하지만 내가 너희 모두에게 말하는데, 너희는 장차 내가 하늘 구름을 타고 내려오는 것과 전능한 하나님 오른편에 앉아 있는 것을 볼 것이다."

그러자 대제사장이 그의 옷을 찢으며 말했다.

"이놈이 하나님을 모독하는 말을 했는데 왜 우리가 더 이상의 증거를 요구하겠소? 보시오, 이제 여러분이 신을 모독하는 것을 들었으니 어떻게 생각하시오?"

"그를 죽여야 합니다."

그들이 대답하고는 예수의 얼굴에 침을 뱉고 주먹으로 쳤다. 다른 사람들은 그의 뺨을 치며 말했다.

"그리스도야 알아맞혀 봐라, 누가 너를 치는지."

– 《성경》, 〈마태복음〉 26장 57절~68절

생각 쓰기

주요 개념 및 배경 지식

1 기적

인간의 상식으로는 이해할 수 없는 어떤 일이 발생했을 때 그것을 기적이라 부른다. 예수의 옷을 만져 병이 낫는 일이나 죽은 사람이 다시 살아나는 것, 물고기 다섯 마리와 빵 두 덩이로 오천 명이 먹고 남은 것, 물 위를 걷고 바람과 폭풍을 명령으로 잠잠하게 하는 것 등《성경》에는 우리의 상식으로는 이해할 수 없는 많은 일들이 기록되어 있다. 이러한 기적은 사람들이 예수의 가르침을 믿고 따르는 데 큰 영향을 미쳤다. 또한 그의 기적들은 예수의 신적인 면을 드러내고 있다.

2 하나님의 아들

《성경》에서 예수가 하나님의 아들이라고 할 때, '아들' 의 의미는 우리 인간처럼 혈연관계에서 부자 관계의 '아들' 을 의미하는 것이 아니다. 이때 '아들' 은 아버지와 동일한 존재라는 것을 의미한다. 즉 '하나님의 아들' 이라는 것은 '하나님' 이라는 말과 같다.

3 다윗

이스라엘의 두 번째 왕이다. 그의 소년 시절에 골리앗이라는 거인 장수와 싸워

이긴 유명한 일화가 있다. 그는 하나님을 찬양하는 많은 시를 지었고 하나님의 뜻에 맞게 살려고 노력했던 왕이었다.

4 세례 요한

예수보다 6개월 먼저 태어났는데, 예수의 사촌이었다고 한다. 그는 사람들에게 자신의 죄를 회개하게 하고 물로 세례를 받게 했다. 그가 회개의 세례를 주었다고 해서 그를 세례 요한이라고 불렀다. 예수도 세례 요한에게서 세례를 받았다. 요한은 그리스도가 곧 세상에 올 것을 알리는 '소리' 였다고 한다. 즉 예수에 앞서가서 예수가 갈 길을 닦는 역할을 했다고 한다. 이후 그는 헤롯왕에 의해 죽게 되었다.

5 엘리야, 예레미야

《성경》 구약에 나오는 선지자들이다. 이들은 하나님의 음성을 직접 듣고 그의 지시함을 받아 사람들에게 하나님의 말씀을 전달하는 역할을 했다. 특히 엘리야는 여러 가지 놀라운 기적들을 행하였는데 그가 이 세상을 떠날 때 죽지 않은 채로 불로 된 말이 끄는 불 마차를 타고 하늘로 올라갔다고 한다.

6 빌라도

이스라엘을 통치하였던 로마의 총독이었다. 그가 예수의 재판을 주관했을 때 예수의 무죄를 알면서도 제사장과 율법 교사들의 압력에 굴복해 예수에게 사형 판결을 내렸다.

7 산헤드린

이스라엘의 예루살렘에 있었던 종교적 회의 기구의 하나였는데 그 구성원은 71명이었다. 유대인들에게는 최고의 중앙 재판소였으며 예수를 체포하려고 시도하였던 기관이다. 하지만 이들에게는 사형 판결의 권한이 없었다. 때문에 그들이 예수를 잡았을 때 증인들을 만들어 빌라도에게로 예수를 데려가야 했다. 그들은 처음부터 예수를 죽일 목적으로 빌라도의 법정에 예수를 세웠던 것이다.

03강 믿음과 실천

case 1 다음 글을 읽고 예수가 말하는 사랑의 특징을 논하시오.

"여러분은 '이에는 이, 눈에는 눈' 이라는 말을 들어 봤을 겁니다. 하지만 난 여러분에게 이렇게 말하겠습니다. 악한 사람을 적대시하지 마십시오. 만약 누군가가 여러분의 오른빰을 때리면 왼빰까지 돌려주십시오. 그리고 만약 누군가가 여러분을 고소하여 당신들의 속옷을 빼앗고자 하면 겉옷까지도 주십시오. 만약 누군가가 여러분더러 1킬로미터를 같이 가자고 하면 여러분은 2킬로미터까지 그와 함께 가 주십시오. 누가 여러분에게 구하면 줄 것이며 빌리면 거절하지 마십시오."

"여러분은 '당신의 이웃을 사랑하고 원수는 미워하라' 는 말을 들었을 것입니다. 하지만 난 여러분에게 이렇게 말하겠습니다. 여러분의 원수를 사랑하고 당신들을 괴롭히는 사람을 위해 기도하십시오. 그러면 여러분은 하늘에 계신 여러분의 아버지의 아들이 될 것입니다. 하나님은 그의 태양을 악한 사람에게나 선한 사람에게나 비추고 비를 의로운 사람이나 의롭지 않은 사람에게도 내리십니다. 만약 여러분이 여러분을 사랑하는 사람만을 사랑한다면 무슨 상을 받을 수 있겠습니까? 심지어 세리들도 그렇게 하고 있지 않습니까? 또한 만약 여러분이 여러분의 형제들에게만 인사한다면 다른 사람들보다 더한 것이 무엇입니까? 심지어 믿음이 없는 사람들도 그렇게 하고 있지 않습니까? 그러므로 하늘의 아버지께서 완전하신 것처럼 여러분도 완전하십시오."

– 《성경》, 〈마태복음〉 5장 38절~48절

생각 쓰기

case 2 **《성경》에서 예수는 자신이 세상의 '참 빛'이며 어두움을 비추기 위해서 세상에 왔다고 말하고 있다. 또한 그를 따르는 제자들을 향해서 '세상의 빛'이라고 했다. 다음 글을 읽고 예수가 그의 제자들을 '세상의 빛'이라고 한 의도를 논하시오.**

예수가 그들에게 말했다.

"여러분은 단지 잠시 동안 빛을 가질 것입니다. 여러분이 빛을 가지고 있는 동안에, 어둠이 여러분을 덮기 전에 다니십시오. 어둠 속에서 걷는 사람은 그가 어디로 가고 있는지 알지 못합니다. 여러분이 빛을 가지고 있는 동안에 여러분의 믿음을 그 안에 두십시오. 그러면 여러분은 빛의 아들들이 될 것입니다."

– 《성경》, 〈요한복음〉 12장 35절~36절

"여러분은 세상의 빛입니다. 언덕 위에 있는 도시가 숨겨질 수 없습니다. 사람들은 램프를 켜서 결코 그릇 밑에 넣어 두지 않습니다. 그 대신에 램프를 램프 스탠드에 올려놓으며 그것은 집 안의 모든 사람들을 비춥니다. 이와 같이 여러분의 빛을 사람들 앞에서 비추어 사람들이 여러분의 선한 행위를 보고 여러분의 하늘 아버지를 칭송하도록 하십시오."

– 《성경》, 〈마태복음〉 5장 13절~16절

생각 쓰기

case 3 **다음 글은 '행함이 없는 믿음'에 대해 비판하고 있는 《성경》의 내용이다. 동전의 양면처럼 우리는 '믿음이 없는 행함'에 대해서도 생각해 볼 수 있을 것이다. '행함이 없는 믿음'과 '믿음이 없는 행함'의 차이가 무엇인지 구체적인 예를 들어 논하시오.**

"내 형제들아, 만약 한 사람이 믿음이 있다고 외치면서 행함이 없다면 그것이 무슨 도움이 되겠느냐? 그러한 믿음이 그를 구원할 수 있겠느냐? 형제나 자매에게 옷이 없고 음식이 없는 경우를 생각해 보라. 만일 너희 중 누군가가 그에게 '평안히 가시오. 따뜻하게 하시고 잘 드시오'라고 말하고는 그의 육체적인 필요에 대해서는 아무것도 주지 않는다면 그들에게 무슨 도움이 되겠느냐? 이와 같이 행동을 동반하지 않은 믿음 그 자체는 죽은 것이다. 누군가가 말할 것이다. 너는 믿음을 가졌고 나는 행동을 가졌다. 행함이 없는 너의 믿음을 내게 보여 줘 봐. 난 너에게 내가 행하는 것으로 내 믿음을 보여 줄 테니까. 너는 하나님이 한 분이심을 믿지? 맞았어! 심지어 귀신들도 그것을 믿고 떤다. 어리석은 사람아, 행함이 없는 믿음의 무익하다는 증거를 원하는가? 우리 조상 아브라함이 그의 아들 이삭을 제단에 드렸을 때 그의 행함에 대해 의롭다고 여기지 않았던가. 너는 그의 믿음과 그의 행동이 함께 일하는 것을 본다. 그리고 그의 믿음은 그가 행한 것에 의해서 완전해졌다. 그리고 아브라함이 하나님을 믿었으며 그것을 그의 의로 여기셨다고 《성경》이 말한다. 그리고 그는 하나님의 친구라고 불렸었다. 그러므로 이제 사람이 그가 행한 것으로 의롭게 되는 것이지 믿음으로만 되는 것이 아님을 알라. 이와 같이 심지어 기생 라합도 첩자들을 숙박시키고 다른 방향으로 보냈을 때 그녀가 행한 것에 대해 의롭다고 여겨졌었다. 영혼 없는 몸이 죽은 것처럼 행함이 없는 믿음은 죽은 것이다.

– 《성경》, 〈야고보서〉 2장 14절~26절

생각 쓰기

Note& guide 주요 개념 및 배경 지식

1 믿음과 행함

'믿음'은 어떤 것을 참된 것이라고 신뢰하여 받아들이는 것을 말한다. 《성경》에서 말하는 믿음은 하나님을 유일한 신으로 받아들이고 그의 뜻을 따라서 사는 것을 말한다. 또한 예수가 십자가에서 죽고 다시 살아난 것이 우리 자신의 죄를 대속하기 위한 것임을 인정하고 받아들여 예수의 가르침에 따라 사는 것을 말한다.

《성경》에서 믿음은 매우 강조되고 있다. 우리가 예수를 믿기만 하면 하나님의 자녀가 되고 하나님 나라의 시민이 된다고 한다. 하지만 예수는 그를 믿는 자들에게 사랑의 실천을 명령하였다. 많은 사람들이 예수를 믿는다고는 하면서 서로 사랑하지 않는 것에 대해 《성경》은 "행함이 없는 믿음은 죽은 것이다"라고 말한다. 예수는 《성경》의 가르침을 행동으로 옮기지 않고 말로만 사람들을 가르쳤던 바리새인들에게 심한 책망을 그치지 않았다.

《성경》에서 믿음을 행함보다 더 강조하는 것처럼 보이지만, 이때 그 믿음에는 행함을 전제하고 있다고 할 수 있다. 그것은 기독교의 예수에 대한 '믿음'과 예수를 따라 사는 '행함'이 분리될 수 없는 것이기 때문이다. 사랑의 실천이 없다면 예수를 믿는다는 것을 증명할 방법은 없다.

2 라합

《성경》 여호수아 편에 나오는 인물이다. 그녀는 여리고라는 성에 사는 매춘부였다. 이스라엘이 여리고를 공격하기 전에 두 명의 첩자를 그곳에 보냈는데, 라합이 그들을 자기의 집에 숨겨 주고 탈출을 도와주었다. 이후 여리고 성이 이스라엘의 공격으로 무너질 때 라합과 그녀의 가족은 무사할 수 있었다.

04강 《성경》과 현대 윤리

case 1 뇌사자의 안락사에 있어서 기독교의 기본적인 입장은 무엇인지 생각해 보고 이에 대해 논하시오.

뇌출혈로 뇌사 상태에 빠진 김 모 씨의 어머니는 아들의 장기를 다른 생명을 살리는 데 주기로 허락하였다. 평소 건강했던 김 모 씨는 일주일 전 회사에서 갑자기 뇌출혈로 쓰러져 의식을 잃고 병원으로 옮겨졌으나 뇌사 상태에 빠졌다. 그의 어머니는 아들의 장기를 통해 여러 생명을 살릴 수 있다면 죽은 아들도 기뻐할 것이라며 눈시울을 적셨다.

십계명 중 여섯 번째 계명: 살인하지 말라.

– 《성경》, 〈출애굽기〉 20장 13절

사람을 쳐죽인 자는 누구든지 반드시 죽여야 한다.

– 《성경》, 〈출애굽기〉 21장 12절

생각 쓰기

case 2 **예수 당시 이스라엘 사람들은 자신들만 하나님께 선택된 민족이라는 우월감에 빠져서 하나님을 믿지 않는 다른 나라 사람들을 업신여겼다. 또한 사마리아 사람처럼 이방 민족과 결혼한 이스라엘 사람들과 그들의 자녀들도 타락한 사람들로 여기고 대화마저도 하지 않았다. 그러나 예수는 다양한 사람들에게 관심을 가지고 그들의 문제를 해결해 주었다. 아래의 글을 읽고 다민족 공동체로 변해 가는 우리 사회에 예수가 주는 메시지를 논하시오.**

예수가 사마리아 지역, 야곱이 그의 아들 요셉에게 준 땅이 가까이 있는 수가라는 마을에 왔다. 야곱의 우물이 거기에 있었다. 예수가 여행 중에 피곤하여 우물 옆에 앉았다. 그때는 정오쯤 되었다. 사마리아 여인 한 명이 물을 길러 그곳에 왔을 때 예수가 말했다.

"마실 것 좀 주시겠습니까?"

그의 제자들은 음식을 사러 마을로 들어가고 없었다.

그 사마리아 여인이 그에게 말했다.

"당신은 유대인이고 나는 사마리아 여자인데 어떻게 내게 마실 것을 달라고 합니까?"

이렇게 물은 것은 유대인들이 사마리아인들과 가까이하지 않기 때문이었다. (……)

– 《성경》, 〈요한복음〉 4장 5절~9절

예수가 가버나움에 들어갈 때에 로마의 군대 장관이 그에게 와서 도움을 청했다.

"주여, 내 종이 중풍으로 심하게 고통 받으며 집에 누워 있습니다."

예수가 그에게 말했다.

"제가 가서 그를 고쳐 주겠습니다."

– 《성경》, 〈마태복음〉 8장 5절~7절

그 지역을 떠나서 예수는 두로와 시돈 지방으로 갔다. 한 가나안 여인이 그 근처에서 예수에게 와 소리쳤다.

"다윗의 아들 주여, 제게 은혜를 베푸십시오! 내 딸이 귀신이 들려 심한 고통을 당하고 있습니다."

(……)

예수가 대답하였다.

"아주머니, 당신은 정말 큰 믿음을 가진 분입니다. 당신의 소망이 이루어졌습니다."

그 즉시 그 여인의 딸이 나았다.

– 《성경》, 〈마태복음〉 15장 21절~28절

생각 쓰기

Note& guide 주요 개념 및 배경 지식

1 뇌사

우리의 뇌는 대뇌와 소뇌 그리고 뇌간으로 구분된다. 뇌간에는 호흡과 순환의 중추가 있는데 이곳의 기능이 정지되면 의식이 없게 되고 자발적인 호흡이 불가능하게 된다. 일반적으로 뇌간의 기능이 정지되는 것을 뇌사라고 말한다. 이 경우 생명 유지 장치를 떼어 내면 곧바로 죽음에 이르게 된다. 인간의 정신 활동을 가능하게 하는 대뇌의 기능이 정지되면 우리는 기억이나 인식, 느낌 등의 활동을 못하게 되지만 호흡과 혈액순환 등은 자발적으로 가능하다. 이 상태를 일반적으로 식물인간 상태라 부른다. 따라서 뇌의 정지라는 측면에서 간뇌의 정지나 대뇌의 정지가 모두 뇌사를 말하는 것이지만, 자발적 생명 유지 활동의 측면에서 본다면 간뇌의 정지만을 뇌사라고 말할 수 있다.

2 안락사

안락사는 불치의 병을 앓고 있는 사람의 고통을 덜어 주기 위해 죽음에 이르도록 도와주는 것을 말한다. 이것은 자의적으로 또는 타의적으로 이루어질 수 있다. 의식이 있는 환자의 경우 자의적으로 요구할 수 있고 의식이 없는 뇌사자의 경우 타의적으로 이루어질 수 있다. 하지만 어떤 경우 그것은 자살이 될 수도 있고 어떤 경우 그것은 살인이 될 수 있다는 데에 안락사 문제의 어려움이 있다. 또한 어떤 형태의 안락사이든 인간이 인간을 죽일 수 있는 근거가 있느냐는 근원적인 문제도 내포하고 있다.

3 십계명

《성경》 구약의 인물인 모세가 시내산에서 하나님으로부터 직접 받은 것으로서 이스라엘 민족이 따라야 할 열 가지 법이다. 이는 지금도 하나님을 믿는 모든 그리스도인들이 따르는 종교적 법률로서 영향을 미치고 있다.

아비투어 철학 논술

예시 답안

case 1

어떤 것을 주장하기 위해서는 그 주장을 뒷받침할 만한 근거가 있어야 한다. 그리고 그 근거의 설득력 정도에 따라 그 주장의 타당성을 말할 수 있다. 파스칼의 내기는 신의 존재를 증명하는 논증이라고 볼 수 없다. 왜냐하면 그것은 주장의 근거로 '내기'라는 가정을 내세우기 때문이다. 우리가 그의 주장의 타당성을 확인하기 위해서는 그의 내기에 참여해야만 한다. 만약 우리가 파스칼의 내기에 모두 참여한 사람이라면 그의 증명은 옳을 수 있다. 왜냐하면 누구나 두 가능성 사이의 한 가지만을 선택해야 할 때에 그중 모든 것을 얻을 수 있는 편에 서게 될 것이고 그것이 가장 합리적이기 때문이다. 하지만 신의 존재를 증명하는 주장의 근거로서 '내기'는 적합하지 않다. 왜냐하면 이 내기에 참여하지 않는 사람에게 그의 얘기는 어떤 설득력도 갖지 않은 공허한 것이 되고 말기 때문이다. 만약 파스칼이 모든 사람이 이 내기에 참여해야 할 필연성을 제시한다면 상황은 달라질 수 있다. 하지만 그는 필연성보다는 신이 존재한다는 사실을 확인하기 위해서 내기에 참여해 보라고 설득하고 있다.

그러므로 파스칼의 내기는 신이 있다고 믿는 자가 얻게 되는 유익에 대해 정서적인 설득력을 갖기는 하지만, 신이 있다는 것 그 자체를 증명하는 데는 아무런 설득력을 갖고 있지 못하다고 할 수 있다.

case 1 《성경》에는 예수가 '인간의 아들' 이며 '하나님의 아들' 이라고 되어 있다.

그는 보통 사람처럼 인간으로서 모든 감정을 느꼈다. 배고플 때도 있었고, 슬퍼하여 눈물을 흘릴 때도 있었으며 화를 내기도 했다. 예수에 관한 이런 기록들은 그가 진정한 인간이었음을 보여 준다고 할 수 있다.

《성경》은 이와 동시에 예수가 하나님으로서 인간의 능력을 초월한 일들을 행하였음을 보여 주고 있다. 죽은 사람을 살리는 것은 그가 인간의 생명을 주관하는 하나님임을 보여 준다. 또한 다양한 환자들을 고쳐 준 것도 그가 인간의 모든 나약함을 치료할 수 있는 하나님임을 보여 주는 것이라고 할 수 있다. 그가 이 세상에 온 이유는 인간의 죄 문제를 해결하기 위한 것이었지만, 당시 사람들은 예수가 어떤 인물인지 정확히 알지 못했다. 그들에게 나타난 그의 이러한 초자연적인 일들은 그가 보통 사람이 아님을 깨닫게 해 주었을 것이다. 심지어 그의 제자들조차 처음에는 그가 누구인지 몰랐다. 물 위를 걷는 예수를 보았을 때 귀신이라고 소리치며 놀라는 그들의 모습에서 이러한 점을 알 수 있다. 그러나 그들이 예수가 자연법칙을 통제할 능력이 있다는 것을 눈으로 보고 알았을 때 그들은 그들의 스승이 바로 하나님이라고 말하고 있다.

이처럼 예수의 초자연적인 일들은 그를 따르는 사람들에게 그가 인간과 다른 존재 곧 하나님 자신이라는 것을 알리는 방법들이었다고 할 수 있다. 즉 그의 기적들은 예수 자신의 신성을 보여 주는 것이다. 말로는 쉽게 믿지 못하는 사람들에게 예수가 보여 준 초자연적인 일들은 그의 정체성을 쉽게 이해시키는 도구가 되었을 것이다.

case 2 예수는 이스라엘의 조상 다윗이 한 말을 가지고 그리스도가 다윗의 자손이 될 수 없음을 증명하고 있다.

예수는 다음의 《성경》 내용을 가지고 다윗이 그리스도를 자기의 '주님' 이라고 불렀다고 한다. 정리하자면 다음과 같다. '주님(하나님)이 내 주님(그리스도)에게 말했다. 내(하나님)가 너(그리스도)의 원수들을 너(그리스도)의 발아래 둘 때까지 내(하나님) 오른편에 앉아 있으라.' 이에 따르면 그리스도는 다윗의 자손이 될 수 없고 오히려 하나님 오른편에 앉아 있는 분으로서 다윗의 주님이다. 따라서 그 당시 사람들이 갖고 있던 그리스도가 다윗의 자손이라는 생각은 잘못된 것이 되고 만다. 즉 예수 자신이 다윗의 자손으로 불리는데 또 다윗의 주님이었던 그리스도로도 불리는 것이 모순임을 지적하여 말한 것이다.

이를 통해 예수가 자신이 다윗의 자손으로 불리지만 사실 그리스도이며 하나님의 아들이기 때문에 다윗의 자손이 아니라고 말하고 있다는 것을 알 수 있다.

case 3 우리는 예수를 고소하는 두 가지 증거를 찾을 수 있다. 하나는 거짓 증인들이 제시한 것으로서 예수가 하나님의 신전을 헐고 그것을 다시 사흘 만에 짓는다고 말했다는 것이고 다른 하나는 대제사장의 질문에 대한 답변인데, 예수가 하나님의 아들 그리스도라고 대답한 것이다. 이 두 증거가 사형 판결의 이유가 될 수 있는지 살펴보자.

첫째로 하나님의 성전을 허물고 다시 지을 수 있다는 것이 고소의 이유가 될 수 있는가의 문제이다. 예수는 이런 고소에 아무런 대꾸도 하지 않았다. 또한 이 증거는 거짓 증인들이 만들어 낸 증거이다. 유대인들만의 종교 재판이라 할지라도 증인들의 증거에 대해 사실 여부를 확인해야 할 것이고 그것이 만약 거짓 증거로 밝혀진다면 고소가 이루어질 수 없을 것이다.

다음으로 예수 자신이 하나님의 아들이라고 주장한 것을 살펴보자. 그들은 하나님을 모독한 것은 죽음에 해당한다고 생각하는데, 자신이 하나님의 아들이라고 주장하는 것이 곧 하나님을 모독하는 것이라고 생각하고 있다. 그러므로 이러한 사람에겐 사형을 내리는 것이 당연하다고 생각하고 있다. 그렇다면 이것은 그들의 종교 재판에서 사형 판결을 내릴 수 있는 이유가 될 수 있을 것이다. 예수의 재판이 그들 내에서 이루어졌다면 그것은 사형을 내릴 만한 충분한 근거를 갖고 있는 셈이다. 그러나 예수의 재판은 로마의 총독 빌라도 앞에서 이루어졌다. 따라서 이러한 종교적인 고소 내용은 로마 법정에서의 사형 판결에 아무런 영향을 미칠 수 없는 것이었다. 그럼에도 그들이 예수를 죽일 수 있었던 것은 처음부터 그들은 예수를 죽이려 했기 때문이다.

주제탐구 03강 믿음과 실천

case 1 이 글에서 말하고 있는 예수의 사랑은 무조건적이고 모든 것을 주는 그런 사랑을 말한다고 할 수 있다. 우리는 일반적으로 누군가가 우리에게 잘못을 하였을 때 우리가 받은 만큼 상대에게도 돌려주기를 원한다. '눈에는 눈, 이에는 이' 로 갚는 것이다. 그러나 예수의 가르침은 악을 선으로 갚으라는 것이다. 심지어는 나를 미워하는 원수까지도 사랑으로 품어야 한다고 말하고 있다. 이것은 전적으로 자신을 희생하고 헌신하는 마음이 없으면 불가능하다. 그 마음에 타인을 조건 없이 사랑하고자 하는 마음이 있을 때에라야 악인이나 선인이나, 의로운 자나 불의한 자나 모두를 동일하게 사랑할 수 있는 것이다. 예수는 이러한 사랑의 근거로서 하늘의 하나님의 완전하심을 말하고 있다. 우리가 하나님의 자녀라면 우리 아버지인 하나님의 완전하심처럼 그렇게 사랑해야 한다는 것이다. 하지만 현실적으로 인간은 신처럼 완벽하게 사랑을 실천할 수 없다. 그렇지만 예수의 사랑에 대한 가르침은 타인에 대한 우리의 진정한 사랑의 자세와 완벽한 사랑의 행위를 끊임없이 촉구한다.

case 2 예수는 "여러분은 세상의 빛입니다"라고 말했다. 빛은 어두운 곳을 밝혀 준 것이 그 역할이다. 사람들이 저녁에 불을 켜서 주위를 밝게 비추는 것처럼 예수의 제자들이 세상의 빛으로서 자신을 드러내어 세상의 어둠을 밝혀야 한다는 것이다. 그렇다면 세상의 어둠을 밝히는 빛의 역할은 예수의 제자들에게 어떤 것일까? 그것은 먼저 예수를 다른 사람들에게 전하는 활동일 것이다. 예수가 어떤 분이며 그가 어떤 일을 했는지 모르는 무지의 어둠 가운데 있는 사람들에게 그를 소개하는 것이다. 그리고 그렇게 참 빛 예수를 믿으면 그들 또한 빛의 아들들이 된다.

다음으로 예수의 사랑을 실천하는 것이라고 말할 수 있다. 어려움에 처한 이웃을 사랑하여 돕고 서로 이해하며 평화로운 삶을 이루어 나가는 것을 통해 우리 주위에 있는 가난과 외로움과 불평등의 어둠을 밝혀야 한다는 것이다. 예수 제자들의 이러한 빛으로서의 실천적 삶은 다른 사람들에게 드러나고 좋은 영향을 미쳐 그들이 믿는 하나님을 높이는 결과를 가져올 것이다.

case 3 '행함이 없는 믿음' 과 '믿음이 없는 행함' 의 차이에 대해 부모님을 공경함을 예로 들어 설명해 보고자 한다. 이 예에서 '믿음' 은 부모님을 진심으로 섬기는 마음과 '행함' 은 부모님께 안마를 하거나 심부름을 잘해 드리거나 말을 잘 듣는 등등의 행동들과 연결 지어 볼 수 있겠다.

먼저 '행함이 없는 믿음' 의 경우 그 자체가 아무것도 아닌 것이 되어 버림을 알 수 있다. 부모님을 공경하는 데 있어서 마음에 진실함이 있다고 할지라도 그것이 밖으로 표출되지 않으면 그 마음을 알아줄 부모는 없을 것이다. 또한 개인적인 측면에서 부모님을 진심으로 공경하는 마음을 갖고 있음에 스스로 만족할 수는 있지만, 드러나지 않는 그의 진심은 부모님께 전달되지 못할 것이다.

'믿음이 없는 행함' 은 일단 개인의 마음을 누구도 알 수 없으므로 겉으로 드러나는 행동의 결과로 그 부모를 비롯한 주위에서의 칭찬을 받을 수도 있을 것이다. 이런 면에서 '행함이 없는 믿음' 보다는 현실적인 측면에서 더 나은 것처럼 보인다. 그러나 부모님에 대한 존경의 마음 없이 하는 행동이 진실한 행동으로 나올 수는 없을 것이다. 왜냐하면 행위의 동기를 결여하게 될 것이기 때문이다. 수동적으로 지시에 의해 움직이거나 마지못해 하는 행위들은 결국 도덕적인 비난을 받는 데까지 이르게 될 것이다.

믿음과 행함, 이 둘은 어느 하나만 떼어서 생각할 수 없는 동전의 양면과도 같다.

case 1 기독교의 십계명 중 제6계명은 '살인하지 말라' 이다. 이 말은 살아 있는 인간을 임의로 죽이지 말라는 이야기이다. 어떠한 형태의 살인이든 사람을 죽이는 것은 그 자체로 하나님의 계명을 어기는 것이 된다.

기독교의 입장에서는 뇌사자의 경우에도 생명 유지 장치를 제거해서는 안 된다고 할 것이다. 환자와 그 보호자의 고통은 이해하지만 기독교의 십계명의 잣대를 엄밀하게 들이대면 그것은 살인이기 때문이다. 기독교에서 생명은 하나님의 권한에 속한 것이지 인간이 다룰 수 있는 것이 아니다.

그러나 기독교의 이러한 입장은 시각을 조금만 바꾸어 생각하면 그 의미만 던져 주고 현실적인 대답을 주지 못한다. 뇌사에 빠진 사람은 자발적인 생명 활동을 할 수 없다. 즉 기계 장치를 통해 생명을 유지하는 수밖에 없는 것이다. 이런 경우에 그 부모들의 정신적이며 물질적인 고통을 뒤로 하고 그들에게 살인하지 말라는 잣대만을 들이댈 수 있을까? 한 걸음 더 나아가 지금으로부터 100년 전을 돌이켜 생각해 보자. 뇌사 환자들이 그때도 지금처럼 생명 유지 장치에 의해 생명을 유지할 수 있었을까? 그때 그들의 죽음을 받아들인 사람들에게 《성경》의 제6계명을 어겼다고 비난할 수 있을까? 기독교의 절대적인 기준을 여기에 곧바로 적용하기는 어려울 것이다.

이처럼 뇌사자의 안락사 문제는 기독교의 절대적인 관점에서 보면 절대 허용될 수 없는 일이다. 기독교의 관점은 안락사라는 이름 아래 자행될 최소한의 생명 경시 행위라도 방지하고자 하는 점에서 의미가 있다. 하지만 구체적이고 현실적인 문제에 있어서의 그 적용 수준에 대한 논의가 더욱 필요하다고 하겠다.

case 2 예수는 스스로 인간의 몸을 입고 이 땅에 온 하나님이다. 그럼에도 불구하고 그는 모든 사람을 차별 없이 만나 그들의 문제를 해결해 주었다. 그는 민족이 달라도 차별하지 않았고 유대인들처럼 사마리아인들을 멀리하지 않고 오히려 먼저 말을 걸었다. 여기서 모든 사람을 평등하게 바라보는 그의 사상을 엿볼 수가 있다.

우리나라는 늘 단일민족 공동체라고 주장해 왔고 이것은 애국심을 고취시키는 데 도움이 되었으며 이스라엘 사람들처럼 선택된 민족이라는 민족적 우월감을 내세우는 데 작용해 왔다고 할 수 있다. 하지만 우리 사회는 단순히 우리 민족만 살고 있는 것이 아니다. 최근엔 동남아시아와 러시아, 중국 등지에서 수많은 노동자들이 합법적, 비합법적으로 들어와 노동을 하며 살고 있다. 또한 수많은 아시아 여성들이 한국 남성들과 국제결혼을 함으로써 우리 주위에서 그들의 2세들을 쉽게 찾아볼 수 있게 되었다. 이제 우리는 다른 민족들과 동일한 공간에서 함께 살아가는 시대에 있다. 그들과 우리를 민족이 다르다는 시각으로 구분 지어 봐서는 안 된다. 또한 그들을 차별해서도 안 된다. 예수는 모든 민족에 동일하게 대하였다.

우리나라 사람들은 백인종에는 열등감을 느끼고 같은 황인종이나 흑인종에 대해서는 왠지 우월감을 갖는 경향이 있다. 이러한 잘못된 인식을 빨리 벗어던지는 길이 예수처럼 모든 사람을 평등하게 대하는 첫걸음이 될 수 있다. 또한 단일민족을 내세워 동일한 공간에 살고 있는 다른 여러 민족들을 우리와 다르게 비교해 보는 것도 없애야 할 것이다. 예수의 만인에 대한 평등은 지금 우리에게 나 이외의 다른 사람에 대한 시각의 전환과 사랑의 실천을 촉구한다.

Abitur

철학자가 들려주는 철학이야기 020

뒤르켐이 들려주는 자살론 이야기

저자_박민수

연세대학교 독문과를 졸업하고 동 대학원에서 석사 학위를 받았다. 지금은 독일 베를린 자유대학에서 '근대 미학에서 미적 가상의 개념' 이란 주제로 박사 논문을 준비하고 있다. 전문 번역가로도 일하고 있으며, 그동안 번역한 책으로는 《우리의 포스트모던적 모던》, 《데리다-니체, 니체-데리다》, 《신의 독약》, 《책벌레》, 《크라바트》 등이 있다.

주 제 탐 구

1강 자살의 사회학
2강 종교 연구
3강 사회분업론

01강 자살의 사회학

case 1 다음 제시문을 참고해서, 사회학이란 학문의 탄생과 계몽주의 사이에 어떤 연관이 있는지 설명하시오.

가 계몽주의는 17~18세기 유럽에서 일어난 문화적 · 사상적 운동이며, 철학 분야에서는 근대 경험론과 합리론의 형태로 출현하였다.

■ 계몽주의는 17~18세기 유럽에서 일어난 문화적 · 사상적 운동이며, 철학 분야에서는 근대 경험론과 합리론의 형태로 출현하였다. 이러한 경험론과 합리론은 근대 과학 혁명 이후 변화된 인간의 사고방식을 보여 주는 것이었다.

■ 계몽주의적 합리론과 경험론의 지적 배경이 된 근대 자연과학에서 사용되는 방법론은 크게 두 가지로 나뉜다. 그것은 귀납적 방법과 연역적 방법이다. 전자는 경험적 관찰과 실험을 통해 개별 사례들의 공통점을 찾아내고 이로부터 보편적 원리를 발견하는 방법이다. 후자, 즉 연역적 방법은 이미 인정된 자명한 원리에서 논리적 추론 과정을 거쳐 개별 사물의 성격을 알아내는 방법을 말한다.

— 고등학교 교과서 《윤리와 사상》 참고

나 사회학이라는 학문은 19세기 중엽 오귀스트 콩트라는 프랑스 철학자가 계몽주의에 기초하여 만든 학문입니다.

중세의 무지몽매한 상태에서 깨어나 세상을 바로 보고 새롭게 인식할 것을 주장한 계몽주의는 신이 아닌 인간을 그 중심에 두었습니다. (……) 그러면 인간의 어떠한 힘을 계몽주의자들은 신뢰하였을까요?

그것은 바로 인간이 가지고 있는 여러 가지 능력 가운데 특히 이성이었습니다. 그렇기 때문에 계몽주의를 이성 중심주의라고 부르기도 합니다. 다시 말해서 인간의 이성에 무한한 신뢰를 보내기 시작한 것이지요.

이러한 이성은 과학적 정신에 바탕을 둔 것이었습니다. 즉 계몽주의는 객관적이고 합리적이며 실증주의적인 과학의 정신에 기초한 것이었습니다. 따라서 콩트가 사회학을 창시하였을 때 사회학은 이러한 과학주의에 기초하여 형성이 되었던 것입니다.

19세기 중엽 사회학이 탄생한 후 사회학을 통해 사회의 변화와 발전을 연구하고자 하는 다양한 학자들이 등장하기 시작했습니다. 뒤르켐 역시 사회에 관한 연구를 시작하였을 때 자연스럽게 콩트의 영향을 받게 되었습니다.

– 《뒤르켐이 들려주는 자살론 이야기》 중에서

생각 쓰기

case 2 다음 제시문을 읽고 자살이란 문제의 특성과 이 문제에 대한 뒤르켐의 접근 방식에 관해 설명하시오.

"여기 누가 자살했군! 좋지 않은 일인데!" 하며 부르주아는 말할 것이다!
"불행한 사랑 때문일 거야!" 하고 여자들은 말할 것이다!
"병이 있었던 거야!" 하며 질병에 걸린 사람들은 말할 것이다!
"절망을 느꼈겠군!" 하며 낙오자들이 말할 것이다!

이들 모두가 그 이유가 될 수도 있고, 어쩌면 그 어느 것도 정확한 이유가 될 수 없을지도 모른다. 오직 저 세상으로 가버린 사람만이 진짜 이유를 감추고 그것을 생의 기억들을 가장 잘 밝혀 줄 수 있을 어떤 것으로 위장한 채 사라져 버렸다.

– 아우구스트 스트린드베리, 《줄리 양》 참고

"뒤르켐의 학설은 자살의 문제를 한 개인의 문제가 아닌 사회와의 관계 속에서 찾고 있다는 점에서 기존의 학설들과 차별성이 있습니다."

– 《뒤르켐이 들려주는 자살론 이야기》 중에서

집단적 신념과 정서, 그리고 경향은 개개인들의 의식 상태에서 흘러나온 것이 아니라 사회적 집단이 처해 있는 총체적인 상황으로부터 배출되는 것이다.

– 뒤르켐, 《사회학적 방법의 제법칙》 참고

뒤르켐에 의하면 자살과 관련된 사회학의 임무는 자살의 모든 양상을 설명하는 것에 있지 않다. 자살은 그 사회적 분포와 관련될 때 비로소 사회적 문제가 되는 것이다. 사회학자는 자살을 개인적 행동이 아니라 어떤 유형화된 현상으로 봐야 한다.

– 앤서니 기든스, 《에밀 뒤르켐》 참고

Note& guide

주요 개념 및 배경 지식

1 과학주의

과학주의란 대상 영역이 무엇이든 자연과학적인 태도와 방식으로 연구해야 한다는 입장을 말한다. 즉 철학뿐만 아니라 사회과학에서도 과학주의를 주장하는 사람이 있을 수 있다. 철학이나 사회학에서 실증주의는 과학주의라고 말할 수 있다.

2 스트린드베리

스트린드베리(1849~1912)는 스웨덴의 유명한 극작가이자 소설가이다. 가난한 가정에서 태어나서 처음에는 성직자, 그 다음에는 의사가 되려 했지만 이루지 못했다. 하지만 생활비를 벌기 위해 글을 쓰기 시작한 것이 작가로 출세하는 계기가 되었다. 스트린드베리의 대표작으로는 《아버지》, 《줄리 양》, 《채권자들》, 《꿈의 연극》 등이 있으며 오늘날에도 자주 상연되는 작품들이다.

02강 종교 연구

case 1 뒤르켐은 어떤 이유에서 종교를 연구했고, 어떤 연구 방식을 택했으며, 이러한 연구에서 어떤 결론을 얻었는가? 다음 제시문을 참고해서 이에 대해 서술하시오.

뒤르켐은 사회의 요구에 부응하는 도덕적 의무감을 개인의 내부에 만들어 내는 하나의 힘으로서 종교를 연구하였습니다. 그가 종교를 연구하게 된 또 하나의 동기는 사회질서를 지탱해 주는 원리에 대한 관심이었습니다. 과거 원시시대처럼 종교가 다양하지도 않고 발전하지도 않은 비종교 시대에도 종교의 기능적 대체물이라고 할 수 있는 그 무엇을 추구하고 있었다고 뒤르켐은 보았습니다.

종교는 개인의 목적을 초월해 윤리적인 목표를 위한 공동의 헌신을 요구하는 강한 힘이 되어 왔습니다. 뒤르켐은 개인적 현상으로서가 아니라 집합적 현상으로서의 종교현상을 강조하고 있습니다. (……) 그래서 뒤르켐은 개개인의 다양한 종교적 경험에 관심을 두지 않고 종교적 행위에 참여함으로써 나타나는 집합적 행위와 공동의 유대에 관심을 두고 있습니다.

뒤르켐은 종교는 사회적 산물일 뿐만 아니라 실제로 성스럽게 된 사회라고 주장합니다. 종교는 명백히 사회적인 것입니다. 그것은 사회적 맥락 속에서 일어나며, 더욱 중요한 것은 사람들이 신성한 것을 찬양할 때 그들도 알지 못하는 사이에 그 사회의 권력을 찬양하게 된다는 것입니다.

종교의식은 사람들을 결속시켜서 그들 간의 공동의 유대를 재확인하게 하고 사회적 연대를 재강화시킵니다. 종교적 계율은 집단의 사회적 유산을 유지하고 재활성화시키며 그것의 지속적 가치를 이후의 세대에게로 전승시켜 줍니다. 또한 종교는 신도의 기쁜 마음과 그들이 속한 도덕적 세계의 기본적인 정당성에 대한 생각을 재확인시켜 줌으로써 좌절감, 상실감에 대항할 수 있도록 하는 일종의 도취적인 기능을 가지고 있습니다.

뒤르켐은 현대사회에서 종교의 영향력이 약화되고 있고 사회 통합이 위기에 빠지고 있다고 보았습니다. 과거 씨족사회에서 종교가 곧 도덕이었듯이 현대의 이기주의를 극복하고 사회 통합을 할 수 있는 정신적 에너지로서 뒤르켐은 도덕의 힘을 회복할 것을 강조하고 있습니다.

—《뒤르켐이 들려주는 자살론 이야기》 중에서

생각 쓰기

03강 사회분업론

case 1 현대사회는 분업이 사회의 기초로 자리 잡은 지 오래이다. 뒤르켐은 분업이 증대하면 사회적 연대가 어떤 형태로 변한다고 생각했는가? 다음 제시문을 참고하여 이에 대해 서술하시오.

뒤르켐은 근대사회를 분석하고 아노미 현상을 설명하기 위해 자살뿐 아니라 분업의 문제도 이야기하였습니다. 분업은 말 그대로 생산을 능률적으로 하기 위해 생산과정을 세분화하여 개인들이 특정한 직업만 담당하는 것을 말합니다.

그는《사회분업론》에서 이렇게 말하고 있습니다.

"이 책은 개인이 사회적 연대에 대개 가진 관계들에 관한 질문에서 출발했다. 왜 개인은 한층 더 자율적이 되어 가는 반면에, 한층 더 사회에 의존하는가? 어떻게 해서 개인은 더욱 개별적이면서 동시에 더욱 결속적일 수 있는가? 그 대답은 분업의 꾸준한 증대로 인한 사회적 연대의 변동에 있다."

연대란 말은 결속과 같은 의미가 있는 말입니다. 뒤르켐은 현대사회로 올수록 개인주의가 팽배하게 되고 전통이 와해되면서 개인의 사회에 대한 구속력이 떨어진다고 보았습니다. 즉 개인들의 자율성이 증대되는 것입니다. 그러나 현대사회는 무너지지 않고 오히려 결속과 통합은 강화되고 있습니다.

현대사회의 연대와 결속이 증가하는 이유를 뒤르켐은 분업에서 찾고 있습니다. 현대사회로 올수록 인구는 증가하고 일의 효율성을 높이기 위해 사람들은 분업을 하게 됩니다. 분업이 이루어지면 사회는 다양해지고 사람들은 자신도 모르는 분야에 도움을 얻기 위해 서로를 필요로 하게 되는 것입니다. 즉 현대사회에서 사람들은 조화롭게 살기 위해 다른 사람의 도움을 필요로 하게 되는 것입니다.

— 《뒤르켐이 들려주는 자살론 이야기》 중에서

생각 쓰기

case 2 다음 제시문을 읽고 뒤르켐이 말하는 '아노미적 분업'이 무엇인지 설명하시오.

현대사회가 분업을 통해 사회 통합을 강화시켰지만 문제는 발생합니다. 바로 사회가 분화되고 직업이 다양해지면서 그에 따른 개인들의 윤리와 직업윤리가 발달하지 못한다는 것입니다.

산업사회로 오면서 개인과 집단을 규제하는 새로운 도덕과 문화가 정착하지 못할 때 발생하는 분업이 바로 아노미적 분업입니다. 즉 산업사회 전반에 걸쳐 규범이 없는 상황에서 이루어지는 분업이 바로 아노미적 분업입니다.

— 《뒤르켐이 들려주는 자살론 이야기》 중에서

생각 쓰기

case 3 다음 제시문을 읽고 뒤르켐이 말하는 '도덕적 개인주의'가 어떤 것인지 설명하시오.

뒤르켐은 아노미적 분업의 문제를 해결할 수 있는 방안으로 새로운 도덕의 등장과 직업집단의 역할을 이야기합니다.

직업집단이 발전하면서 이들은 국가권력을 견제하고 국가가 개인의 의미를 억누르는 것을 방어합니다. 이를 통해 뒤르켐은 도덕이 발전하고 그것이 현대사회의 독특한 도덕적 개인주의라고 보았습니다. 즉 도덕적 개인주의는 자기만의 이익, 타인을 배려하지 못하는 개인주의가 아니라 공동체 정신이 있고 사회 통합을 강조하는 개인주의입니다.

뒤르켐은 이러한 도덕적 개인주의가 발전하면 아노미적 분업에서 발생하는 부정적인 현상을 막을 수 있고 사회 통합을 강화할 수 있다고 보았습니다. 또한 이러한 목적으로 직업집단 조직을 발전시키고 개인들에게 도덕주의를 강조하는 것이 참된 현대사회로 나가는 가장 좋은 방법이라고 생각하였습니다.

— 《뒤르켐이 들려주는 자살론 이야기》 중에서

생각 쓰기

Note& guide 주요 개념 및 배경 지식

1 분업

분업은 생산과정을 몇 개의 부문 또는 공정으로 나누고, 서로 다른 사람들이 분할된 각 부문에서 전문적으로 일을 하는 노동 형태를 말한다. 분업에는 사회적 분업과 작업장 내 분업이 있다.

사회적 분업은 개개인이 세분화된 직업에 전문적으로 종사하는 것을 말한다. 즉 한 사회에서 어떤 사람은 농업에 종사하고 어떤 사람은 교사로 일하는 것 등이 바로 사회적 분업이다.

작업장 내 분업은 어떤 자본가가 소유하고 있는 공장에서 다수 노동자가 모여 분할된 여러 생산 공정을 담당하는 것을 말한다.

2 개인주의

개인주의는 공동체보다 개인의 자유에 더 높은 가치를 두는 입장을 말한다. 이 말을 부정적으로 사용할 때는 이기주의와 비슷한 뜻이 된다. 즉 다른 사람에게는 그다지 관심을 갖지 않고 자신이나 자기 가족만 생각하는 태도를 일컫는다.

3 자율성

자율성은 남이 시키지 않아도 스스로 자신을 통제할 수 있는 성질을 뜻하거나, 어떤 행위를 할 때 남의 지시 없이 스스로 결정할 수 있는 것을 말한다. 반대 개념은 타율성이다.

아비투어 철학 논술

예시 답안

case 1 사회학은 19세기 중엽에야 탄생한 학문이다. 이 학문은 과학주의에 기초해서 형성되었다는 점에서 유럽 계몽주의의 전통을 이어받은 학문이라고 말할 수 있다. 과학주의란 자연과학의 방법을 다른 학문에 적용하려는 입장을 말한다.

자연과학은 잘 알려져 있듯이 16~17세기에 서구에서 비약적으로 발전하기 시작했다. 이를 역사에서는 과학혁명이라 부르기도 한다. 이러한 자연과학의 발달은 당시 사람들의 사고방식과 세계관도 뒤바꿔 놓았다. 즉 과학혁명은 유럽의 사상과 문화 분야에서 계몽주의의 탄생을 가져왔다. 계몽주의는 칸트의 〈계몽이란 무엇인가〉라는 글에서도 정의되어 있듯이, 인간이 신이나 기타의 것에 의존하지 않고 오로지 이성에 근거해서 세계와 인간에 관해 알아 나가려는 태도를 가리킨다. 이런 점에서 계몽주의는 이성 중심주의라고 말할 수 있다.

근대 자연과학에서 사용된 방법은 크게 귀납적 방법론과 연역적 방법론으로 구분된다. 귀납적 방법론은 자연 관찰과 실험에 근거해서 일반적 원리를 추출하는 것이며, 연역적 방법론은 이미 확인된 자명한 진리로부터 개개 사물의 이치를 논리적으로 추론해 내는 것을 말한다. 예를 들어 여러 자연 현상을 관찰하고 공통점을 발견해 낸 다음 중력이란 법칙을 생각해 낸다면 이는 귀납적 방법론에 의한 것이다. 그리고 이런 중력을 자명한 원리로 삼고 지구의 생명체가 일상생활에서 중력으로부터 어떤 영향을 받고 있는지를 추리해 낸다면 이는 연역적 방법론에 의한 것이다. 두 가지 방법론은 서로를 보완해 주며, 모두 인간 이성에 바탕을 두고 있다는 공통점이 있다.

사회학은 이런 자연과학의 방법론을 사회현상에 적용하면서 시작된 학문이다. 인간들이 모여 사는 사회의 복잡한 현상을 탐구할 때도 관찰과 실험에 의해 일반적 원리를 추출하고, 또 자명한 원리에 의해 구체적인 것을 추론해 내는 방법론의 사용이 가능하다고 보았던 것이다. 19세기 이후 사회학은 이런 방법론에 의해 비약적인 발전을 거두었다.

case 2 자살의 이유를 밝혀내려 할 경우, 우리는 대체로 명쾌한 설명을 하지 못한다. 자살은 지극히 개인적이고 심리적인 문제로 간주되기 때문이다. 한 사람이 자살을 했다면 그 참된 이유는 그 사람만이 안다. 다른 사람들은 그저 주관적 추측만 할 수 있을 뿐이다. 자살자가 유서를 남긴 경우는 조금 다르겠지만 그런 경우에도 유서의 내용이 과연 진실인가라는 의심이 생길 수 있다. 또 유서를 쓴 사람이 거짓을 말하지 않았다 해도 그 사람이 자신의 자살 이유를 명확하게 의식하고 있었을까 하는 의문이 남는다. 즉 인간 심리 세계가 본인조차 명확히 파악하지 못할 만큼 복잡한 것이라고 본다면 자살자 역시 자살의 근본적 이유를 제대로 알지 못한 채 피상적인 이유만을 떠올렸을 가능성이 있다는 것이다.

그런데 뒤르켐은 자살의 문제를 개인적, 심리적 관점이 아니라 사회학적 관점에서 다루려 한다. 이때 전제가 되는 것은 인간의 심리나 정신 세계는 총체적인 사회로부터 절대적 영향을 받는다는 사실이다. 뒤르켐은 사람마다 생각이나 느낌에서 미묘한 차이들이 존재하겠지만 사회학적 유형화가 불가능할 만큼 천차만별이라 생각하지는 않는다. 개인들 모두 한 사회의 구성원으로서 차이점보다는 공통점이 훨씬 더 많다고 보는 것이다. 뒤르켐은 이런 입장에서 사회구조 및 현상과 개인의 자살이 갖는 관계를 분석했다. 그리고 이를 통해 자살의 이유를 몇 가지로 유형화하였다.

case 1 뒤르켐은 어린 시절 혼란한 사회상을 경험하면서 개인과 사회의 관계에 깊은 관심을 가졌다. 사회학자가 된 후에도 뒤르켐이 주된 관심을 기울였던 것은 사회 통합, 즉 사회 내 개인들의 긴밀한 유대라는 문제였다. 뒤르켐이 종교를 연구한 것도 같은 이유에서이다. 그가 종교현상에 대한 탐구를 시작한 것은 개인들의 규범의식, 즉 도덕적 의무감이 형성되고 유지되는 원리와 사회질서를 지탱해 주는 원리에 관해 알고 싶어서였다.

이러한 연구에서 뒤르켐은 개인의 심리 문제나 신앙의 문제로서 종교를 다루지는 않았다. 뒤르켐은 종교를 철저히 사회현상이라 보았고, 당대의 사회학적 방법, 즉 실증적이고 자연과학적인 방법으로 이에 접근하였다. 그리고 이때 탐구의 초점은 종교에서의 집합적 행위와 연대감이라는 문제였다.

이러한 탐구 결과, 뒤르켐은 종교가 사회질서 유지와 구성원의 연대감 형성에서 막대한 영향력을 발휘한다는 것을 알았다. 뒤르켐이 주로 연구한 것은 원시사회의 토테미즘이었는데, 여기서 토템은 사람들을 하나로 결속시키는 핵심적 고리로 작용했다. 토템과 관련된 종교의식은 사람들을 결속시키고 평소의 유대 관계를 재확인하게 하는 기능을 했다. 또 이런 종교가 갖고 있는 계율, 즉 금기나 권장 사항 등은 그 집단의 가치를 학습시키고 후대에게도 전승하게 하는 기능을 했다. 이것은 사회규범을 습득하고 유지하게 하는 기능이었다고 말할 수 있다.

이처럼 원시사회에서 종교는 도덕이자 법이었다. 인류가 발전하면서 종교와 도덕과 법은 차츰 분리되었다. 그리고 현대사회에서 종교의 역할은 점차 미미해지고 있다. 뒤르켐은 종교가 사라진 시대에도 과거 종교가 가졌던 역할을 대신하는 것이 필요하다고 보았다. 이런 맥락에서 그는 도덕의 역할이 강화되어야 한다고 주장했다.

주제탐구 03강 사회분업론

case 1 현대사회에서 분업의 증대는 전문화, 개인주의화, 구성원 사이의 이질화를 수반할 수밖에 없다. 이러한 변화는 당연히 공동체 구성원들 사이에서 공통된 가치관이나 신념의 약화를 가져온다. 다시 말해 사회 구성원의 공동체 의식이 점차 감소되고 약화되는 것이다. 분업 사회에서 개인은 그 어느 때보다 자율성을 누리며 독립된 개체로서 살아간다.

하지만 분업화로 인해서 사회가 해체되는 현상, 공동체가 무너지는 현상은 나타나지 않는다. 그 이유는 분업화가 개인과 개인 사이에서 전문성의 교환을 촉진시키기 때문이다. 즉 개인은 자신의 분야만을 알기 때문에 살기 위해서는 다른 개인들의 도움에 더 의존할 수밖에 없게 되는 것이다. 이런 점에서 분업은 오히려 공동체 구성원 사이에서 연대감의 강화를 가져온다.

분업 사회에서는 이처럼 자율성 및 개체성의 증대와 유대감의 강화라는 일견 모순된 현상이 통일되어 있다. 이 점에서 현대사회 구성원들의 유대는 단순한 동질성에만 근거했던 과거 사회의 유대와는 다르다. 이러한 새로운 유대를 뒤르켐은 '유기적 연대' 라고 불렀다. 각각의 부분이 독립성을 유지하면서도 전체로서는 긴밀한 관계를 유지하고 있는 유기적 생명체를 연상시킨다는 점에서 이런 명칭을 붙인 것이다.

case 2 뒤르켐에 의하면 아노미는 기존의 규범이 붕괴하고 새로운 규범이 마련되지 않았을 때 발생한다. 즉 아노미는 규범의 부재 상태, 이를테면 진공 상태를 가리킨다. 뒤르켐이 말하는 아노미적 분업은 분업 사회에서 언제나 등장하는 문제라기보다는 과도기에 일시적으로 발생하는 문제이다.

전근대적 사회에서 현대적 분업 사회로 이행하는 과정에서는, 기존 규범이 효력을 잃고 분업 사회에 걸맞은 규범은 아직 형성되지 못한 상황이 생길 수밖에 없다. 이런 상황에서, 즉 개인주의와 자율성에 어울리는 규범이 없는 상황에서 사회적으로 이뤄지는 분업이 바로 아노미적 분업이다.

case 3 산업화가 가져온 분업 사회는 개인의 자율성과 자유가 증대하는 사회일 수밖에 없다. 즉 현대사회에서는 개인주의가 사회 구성원의 생활양식과 사고방식으로 자리 잡는 것이 필연적이다. 그러나 과도기에는 이러한 개인주의가 지극히 이기적인 형태, 즉 비도덕적인 형태로 나타날 수 있다. 이른바 아노미 상황에서의 개인주의인 셈이다. 그러나 사회에서 점차 새로운 가치 규범이 형성되면서 개인주의의 성격도 달라진다. 즉 사회 구성원들은 개인주의적 삶을 누리면서도 사회 전체의 질서와 연대를 위해 필요한 규범들을 습득하게 된다. 달리 말하면 도덕성을 회복하는 것이다. 이렇게 형성되는 개인주의를 뒤르켐은 도덕적 개인주의라고 말한다. 도덕적 개인주의는 집단 구성원들의 오랜 노력과 협력을 통해서야 만들어 낼 수 있는 것이다.

논술 답안 쓰기

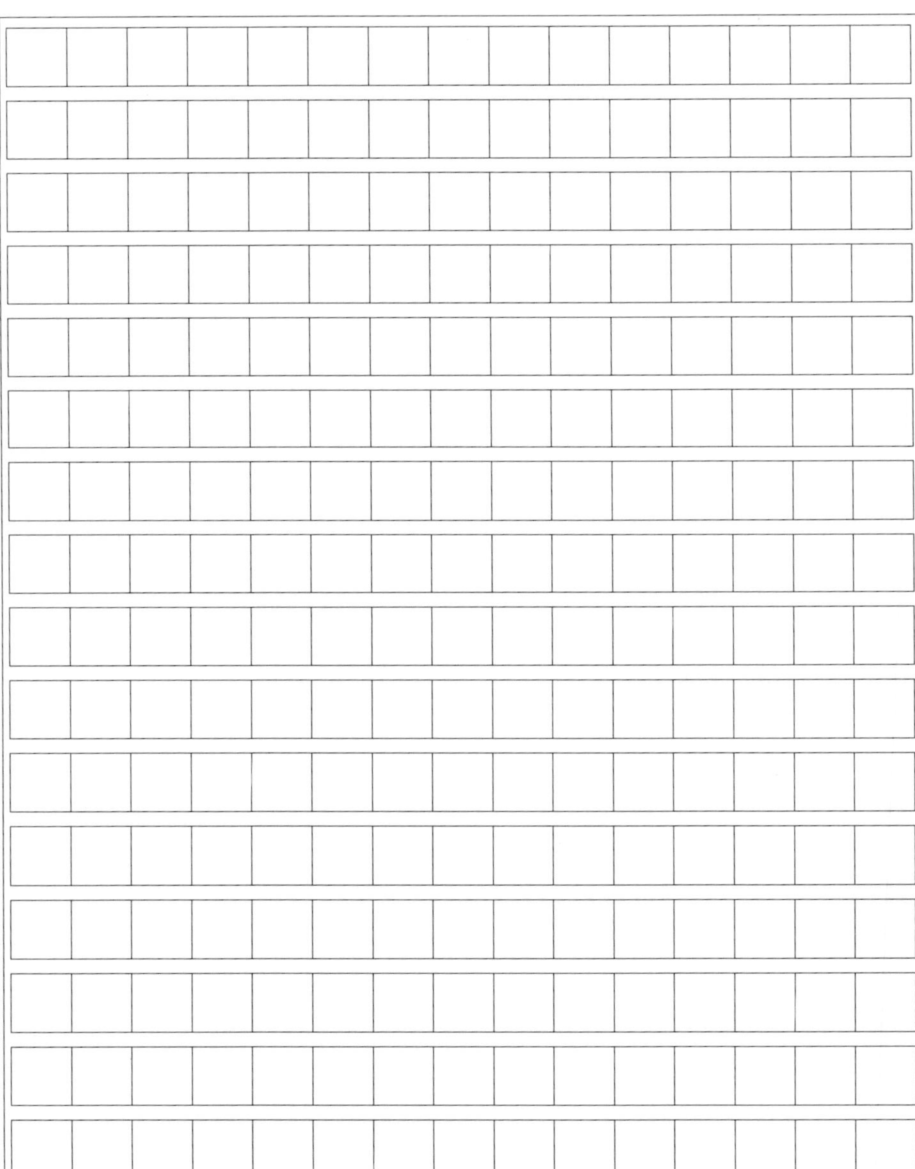

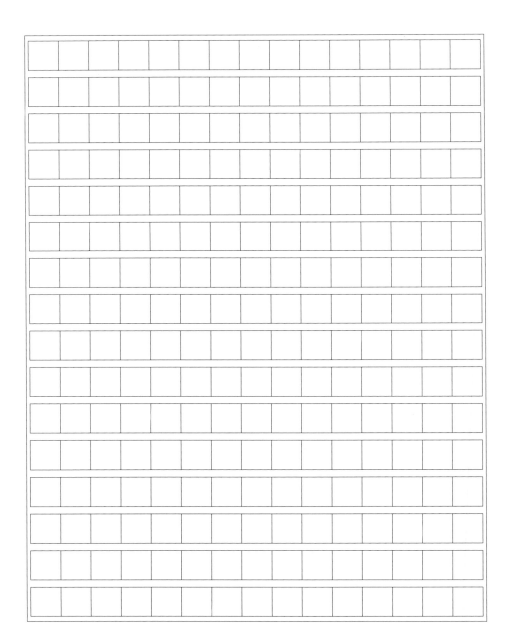

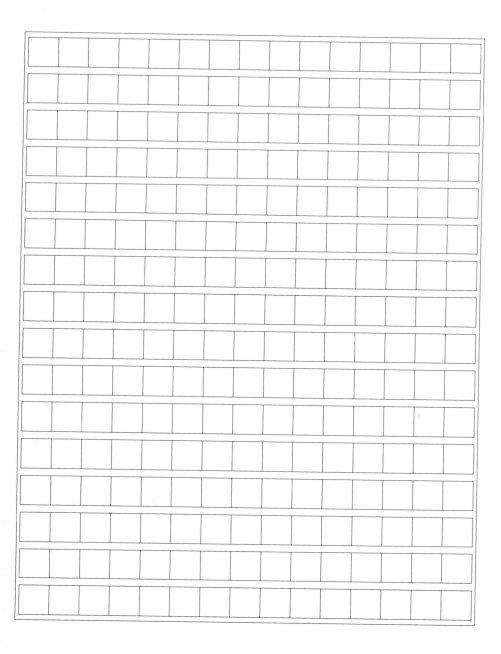